# Antijagdtraining

Wie man Hunde vom Jagen abhält

Ein Arbeitsbuch von

Pia Gröning und Ariane Ullrich

MenschHund!
Verlag

Dieses Buch unterliegt inklusive aller Bilder, Grafiken und Fotos dem Copyright. Vervielfältigungen aller Art, Weitergaben in jeder Form und auf jedem Weg sind ohne ausdrückliche Genehmigung von MenschHund! Verlag nicht gestattet. Ausgenommen ist das Zitieren aus dem Buch mit entsprechender Kennzeichnung.

© MenschHund! Verlag, 2005
Gartenstraße 8
D-15806 Zossen
www.mensch-hund-lernen.de
Alle Rechte vorbehalten
Herstellung, Gestaltung: Ariane Ullrich, Pia Gröning
Druck: AZ Druck und Datentechnik GmbH Kempten
Fotos: Pia Gröning, Ariane Ullrich, Dr. U. Blaschke-Berthold
Zeichnungen: Heinz Grundel, www.heinz-grundel.de.

Weitere im Verlag erschienene Bücher:
*MenschHund! ...warum ziehst du nur so an der Leine?!*
von Ariane Ullrich
ISBN: 3-935977-48-4

# Danksagungen

Pia Gröning:
An allererster Stelle muss ich meiner Hündin Eika danken, die mich mittels unendlicher Sturheit dazu zwang, neue Trainingswege zu finden. Sie hat einen großen Teil dazu beigetragen, mich mit dem Thema Jagen kreativ und ideenreich auseinander zu setzen und im Internet Kontakte zu knüpfen, die mir letztendlich den Weg ebneten. An dieser Stelle erwähne ich direkt den zweiten einflussreichen Vierbeiner, meinen Rüden Trix, der mich lehrte, wie effektiv der Einsatz von Spielzeug sein kann.

Inhaltlich möchte ich vor allem Jana Tschörtner und Karina Handwerker danken, denen in den Rollen als Freundinnen, Betroffene und Hundeliebhaberinnen keine Diskussion zu lang oder detailliert war und die tapfer meine Trainingsideen mit mir in die Tat umsetzen.

Als Trainerkollegen möchte ich vor allem Dagmar Yildiz und Alexander Putz meinen Dank aussprechen, die an langen (und sehr lustigen) Seminarabenden ihre Erfahrungen mit mir geteilt haben und hoffentlich weiter teilen werden.

Weniger inhaltlich, aber dafür um so mehr in unterstützender Hinsicht möchte ich meinem Lebensgefährten Helge Pullwitt, meinen Eltern Margret und Friedrich Gröning und meinen Hundesittern Ursula Slomka, Kai Wiegand und Helmut Handwerker danken. Sie haben im Rahmen ihrer Möglichkeiten stets meine Hunde oder auch mich versorgt, wenn keine Zeit für Gassigänge, Essenzubereitung etc. blieb.

Nicht zuletzt möchte ich meiner Co-Autorin Ariane Ullrich danken. Sie hat es geschafft, meine teils wirren Trainingsinhalte in strukturierter und verständlicher Weise zu ordnen und zu formulieren. Ich denke, wir ergänzen uns prima.

Ariane Ullrich:
Ich danke meiner Hündin Piccola für ihre teilweise nervtötende Art, mich dazu zu zwingen, andere Wege zu gehen. Und ebenso meiner Hündin Senta, mir zu zeigen, dass Piccolas Verhalten nicht nur meine Schuld ist und nicht alle Hunde Probleme haben. Mein großer Dank gilt

Sabine Winkler, die mich die Trainingspraxis gelehrt hat und immer für lange Diskussionen und neue Ideen offen ist.

Dass überhaupt genug Zeit vorhanden war, dieses Buch zu schreiben, ist meinem Mann Andreas zu verdanken, der mir hilft, wann immer er kann. Meinen Kindern Laurin, Luis und Merlin danke ich dafür, dass ich auch etwas zu lachen habe.

Pia, dir danke ich für die Idee dieses Buches und dass du mich als Co-Autorin ausgewählt hast, wir sind ein tolles Team.

Wir möchten gemeinsam allen Mitgliedern des Yorkieforums unter www.yorkie-rg.de danken, vor allem Peter Rück, der dieses Forum ermöglicht hat. Unser Horizont hat sich durch die dortigen hochkarätigen Diskussionen erweitert. Mach weiter so!

Dank auch an Dr. Franziska Arndt und Prof. Dr. Erwin Arndt für die wichtige Korrektur der Grammatik und unserer recht umgangssprachlichen Ausdrucksweise. Marco Ladermann gilt unser Dank für seine Erbsenzählerei und tiefschürfenden Gedanken. Martin Pietralla danken wir für sein aussagekräftiges Vorwort.

Unser gesammelter Dank gilt vor allem auch den Kunden unserer Hundeschulen, die es uns ermöglichen, die Theorie in die Praxis umzusetzen, Erfolge zu sehen und jedes Mal dazu zu lernen.

## Ein dickes Dankeschön euch allen!

Pia Gröning und Ariane Ullrich

# Inhaltsverzeichnis

|     |     |     | Seite |
|-----|-----|-----|------:|
| **I** | **Hintergrund** | | |
| | *1* | ***Warum jagen Hunde?*** | 1 |
| | 1.1 | Bestandteile der Jagd | 2 |
| | 1.2 | Die Rolle der Genetik | 3 |
| | 1.3 | Der Lerneffekt | 7 |
| | 1.4 | Ursachenforschung | 8 |
| | *2* | ***Was tun?*** | 11 |
| | 2.1 | Arbeiten mit den Lerngesetzen | 12 |
| | *2.1.1* | *Ressourcenkontrolle/Verstärkung* | 14 |
| | *2.1.2* | *Das Brückensignal* | 16 |
| | *2.1.3* | *Signaleinführung* | 18 |
| | *2.1.4* | *Generalisieren* | 19 |
| | *2.1.5* | *Variables Verstärken* | 21 |
| | 2.2 | Strafe | 22 |
| | *2.2.1* | *Voraussetzungen für die Wirksamkeit von Strafe* | 23 |
| | 2.3 | Stromreizgeräte | 26 |
| **II** | **SLT (Schleppleinentraining)** | | 36 |
| | *1* | ***Die Beschaffenheit der Schleppleine*** | 36 |
| | *2* | ***Arbeiten mit der Schleppleine*** | 39 |
| | *3* | ***Wenn der Hund „verloren" geht*** | 47 |
| | *4* | ***Zwei Spezialübungen*** | 51 |
| | 4.1 | „Langsamer!" | 51 |

|  |  |  | |
|---|---|---|---|
|  | 4.2 | „Raus da!" | 53 |
|  | *5* | *Durchhalten!* | 56 |
| **III** | **Training parallel zur Schleppleine** |  | 58 |
|  | *1* | *Orientierungsübungen* | 58 |
|  | 1.2 | Blickkontakttraining | 58 |
|  | *1.2.1* | *Rück-Blicke einfangen* | 60 |
|  | *1.2.2* | *Leinenübung* | 61 |
|  | *1.2.3* | *Im Zeitrahmen* | 62 |
|  | *1.2.4* | *Blickkontakt unter Signal* | 63 |
|  | 1.3 | Verstecktraining | 66 |
|  | 1.4 | Weg- und Richtungswechsel | 68 |
|  | 1.5 | Umkehrsignal | 70 |
|  | *2* | *Impulskontrollübungen* | 73 |
|  | 2.1 | Abwenden vom Futter | 73 |
|  | 2.2 | Am Boden bleiben | 74 |
|  | 2.3 | Abregen üben 1 | 74 |
|  | 2.4 | Abregen üben 2 | 75 |
|  | 2.5 | Beherrschung 1 | 75 |
|  | 2.6 | Beherrschung 2 | 76 |
| **IV** | **Kontrolle am Wild** |  | 78 |
|  | *1* | *Superschlachtruf* | 78 |
|  | 1.1 | Aufbau mit Spielzeug | 79 |
|  | 1.2 | Aufbau mit Futter | 80 |

|  |  |  |  |
|---|---|---|---|
| | 1.3 | Aufbau mit Mauseloch | 81 |
| | 1.4 | Vorsicht Verhaltenskette! | 83 |
| | **2** | ***AS (Abbruchsignal)*** | 85 |
| | 2.1 | Futter in der Hand | 86 |
| | 2.2 | Futter am Boden | 86 |
| | 2.3 | Futter von Fremden | 87 |
| | 2.4 | AS mit Ball | 88 |
| | **3** | ***Kommtraining*** | 90 |
| | 3.1 | Aufbau | 90 |
| | 3.2 | Generalisierung | 93 |
| | *3.2.1* | *Ablenkung durch Futter/Spielzeug* | 93 |
| | *3.2.2* | *Ablenkung durch Tiere im Gehege* | 95 |
| | *3.2.3* | *Ablenkung durch wildlebende Tiere* | 97 |
| | **4** | ***Sitz/Platz in Entfernung*** | 100 |
| | 5 | ***Vorstehen*** | 103 |
| | 6 | ***Gegenkonditionierung*** | 107 |
| | 7 | ***„Klick for Blick"*** | 109 |
| **V** | **Alternative Beschäftigungsmöglichkeiten** | | 134 |
| | **1** | ***Geistige Auslastung*** | 135 |
| | 1.1 | Nasenarbeit | 136 |
| | *1.1.1* | *Leckerchen- und Spielzeugsuche* | 136 |
| | *1.1.2* | *Futterbeutel* | 138 |
| | 1.2 | Freies Formen | 140 |
| | **2** | ***körperliche Auslastung*** | 141 |

| | | | |
|---|---|---|---|
| | *3* | *Kontrolliert jagen* | 143 |
| | 3.1 | Nach Mäusen buddeln | 144 |
| | 3.2 | Wildfährte an der Leine verfolgen | 145 |
| | 3.3 | Coursing | 145 |
| | 3.4 | „Fernsehen" für Hunde | 146 |
| | *4* | *Jagdpächter und Förster* | 148 |
| VI | **Prävention** | | 151 |
| | *1* | *Rasseauswahl* | 151 |
| | *2* | *Umgebung* | 152 |
| | *3* | *Beschäftigung und Lernen* | 152 |
| | *4* | *Vorbeugendes Training* | 153 |
| | *5* | *Keine Erfolge* | 155 |
| | *6* | *Strafe* | 156 |
| | *7* | *Umleiten* | 157 |
| | *8* | *Rückruf und Grundgehorsam* | 158 |
| VII | **Ausblick** | | 160 |
| VIII | **Überblick über das AJT** | | 161 |
| IX | **Trainingsplan** | | 162 |
| X | **„Beipackzettel"** | | 167 |
| XI | **Stichwortverzeichnis** | | 172 |
| XII | **Bezugsquellen** | | 174 |
| XIII | **Literaturhinweise** | | 175 |

# Vorwort

Wenn wir ein Buch über Hundeerziehung zur Hand nehmen, finden wir in den meisten Fällen eine vom Menschen und seinen Wünschen ausgehende Sicht. Das ist verständlich, aber hilft es wirklich weiter? In den letzten Jahren hat sich vieles verändert. Man begreift immer mehr das Wesen des Hundes als das eines Jägers und Beutegreifers, der seine Furcht vor dem Menschen allmählich verloren, sich dessen Lebensraum erobert hat. Der Mensch war nicht der aktiv formende Faktor, wenn er auch zu seinem Vorteil die jagdlichen Fähigkeiten des Hundes sehr früh genutzt hat. Die Zeit der Jäger und Sammler ist längst vorbei, nur der Hund ist uns geblieben. Unter dieser Anerkennung kann man ganz anders an das Vermeiden und Verändern von jagdbasiertem Problemverhalten herangehen.

„Sie müssen wissen, was Ihr Hund tun soll. Es reicht nicht zu wissen, was er nicht tun soll!"

Dies ist der ganz wichtige Kernsatz, um den sich die weiteren Ausführungen dieses Buches ranken. Damit wird klar, dass ein Hund zur Vervollständigung des Familienglücks angeschafft, zu einer harten Last werden kann. Die Werbung verheißt den treuen und verständigen Kumpel, der sich aber in der Realität als Lebewesen mit ganz eigenen, schwer zu beeinflussenden Interessen herausstellt. An diesem Konflikt sind schon viele Hundehalter gescheitert. Akzeptieren Sie Ihren Hund als Hund, dann aber krempeln Sie die Ärmel hoch und machen das Beste daraus. Das ist eine der Maximen dieses Buches.

Und wenn Sie es ernsthaft zur Hand nehmen, sind wahrscheinlich die besten Erziehungsmomente längst vorbei. Aber dieses Buch setzt nicht den Idealfall voraus, es gibt Ihnen Hilfen an die Hand, mit denen Sie versuchen können, Ihr spezielles Problem auch in späteren Lebensphasen des Hundes noch zu lösen.

Die Autorinnen geben hier ihre vielfältigen Erfahrungen mit Jagdhunden und mit jagenden Hunden weiter. Sie beschreiben Möglichkeiten der erfolgreichen Beeinflussung des Jagdverhaltens, deren Vorgehen auf fundierten biologischen Kenntnissen beruht.

Und das Schöne daran ist, dass dieses Buch ausgesprochen verständlich geschrieben ist. Und was mir noch besser gefallen hat, es ist frei von Auseinandersetzungen, Vergleichen und Seitenhieben zu anderen Veröffentlichungen, wie es leider immer wieder vorkommt. Das Thema wird konzentriert, umfassend und durchweg sehr sachlich diskutiert. Sie können den Argumenten folgen, und sich dann für Ihr eigenes Vorgehen entscheiden.

Wenn Sie also akzeptieren, dass Jagen ein ausgesprochen soziales Verhalten von Hunden ist, haben Sie den wichtigsten mentalen Schritt getan. Die Fleißarbeit aber bleibt Ihnen nicht erspart. Alles andere wäre Schönrednerei. Wie Sie im Detail vorgehen können, wird Ihnen in diesem Buch vorgeschlagen. Sie wählen aus und bewerten entsprechend den Fortschritten Ihres Hundes.

Und weil Menschen gern Selbsttäuschungen unterliegen, finden Sie auch Fragebögen und Tabellen, damit Sie eine wirksame Kontrolle für sich und Ihre Bemühungen haben. Das sind die kleinen Hilfen, die in der Praxis so wertvoll sein können.

Sollten Sie zu dieser Konsequenz fähig sein, dann brauchen Sie kein weiteres Erziehungsbuch mehr. Sie werden einen wohlerzogenen Hund haben und Sie werden gelernt haben, wie Sie in Problemsituationen - welcher Art auch immer - vorgehen können.

Wenn Ihr Hund dann älter geworden ist, Sie sich zur gegenseitigen Zufriedenheit arrangiert haben, werden Sie wahrscheinlich die vielen Überraschungen und den Ärger, den Ihr Hund Ihnen jagend einmal bereitet haben mag, vergessen haben. Ich hoffe sehr, dass dieses Buch Ihnen bald zu diesem schönen Zustand des „Hunde Genießens" verhelfen kann.

Martin Pietralla

*"Jeder dumme Junge kann einen Käfer zertreten. Aber alle Professoren der Welt können keinen herstellen."*

*(Arthur Schopenhauer)*

# I Hintergrund

## 1. Warum jagen Hunde?

Warum jagen Hunde nur? Jeden Tag bekommen sie ein- bis zweimal am Tag ihren gefüllten Fressnapf vor die Nase gestellt, sie werden Gassi geführt, dürfen mit Nachbars Lumpi spielen und lassen sich abends am Bauch kraulen. Warum nur müssen sie auch noch Hase und Reh hetzen, Fuchsspuren verfolgen und Nachbars Katze auf den Baum jagen? In Zehntausenden von Jahren sollte der Hund doch endlich begriffen haben, dass er sich in der menschlichen Gesellschaft nur den Unwillen des Dosenöffners einhandelt und schlimmstenfalls den Tod zu erwarten hat.

Kann er nicht anders? Macht er es, um sich uns zu widersetzen, oder warum ist das Jagen immer noch eines der größten Probleme, die Hundebesitzer haben?

Hunde gehören zur Ordnung der *Carnivora*, die Reißzähne besitzen, um Fleischbrocken abreißen zu können. Die Familie der *Canidae* sind die Hundeartigen, zu denen ebenfalls die Füchse gehören. In die Gattung *Canis* fallen wiederum neben dem Wolf, Schakale und Kojoten. Der Hund ist die Unterart *Canis lupus familiaris* der Art *Canis lupus* (Wolf).

| Klasse | Mammalia (Säugetiere) |
|---|---|
| Ordnung | Carnivora (Beutegreifer) |
| Familie | Canidae (Hunde) |
| Gattung | Canis |
| Art | Canis lupus |
| Unterart | Canis lupus familiaris |

Systematik nach Carl von Linné

Daraus ist ersichtlich, dass der Hund sich aus dem Wolf entwickelt hat, ein sozial lebendes Tier ist, Reißzähne besitzt und sich von Fleisch ernährt.

## 1.1 Bestandteile der Jagd

Eine Jagdsequenz besteht aus vielen komplexen Verhaltensweisen. Grob lässt sie sich unterteilen in Aufspüren, Nachstellen, Fangen, Töten und Fressen. Jede dieser einzelnen Verhaltensweisen kann ebenfalls noch unterteilt werden und unterscheidet sich von Individuum zu Individuum aufgrund von Lernerfahrungen, Umweltbedingungen und sozialen Hintergründen wie beispielsweise Leben in der Gruppe. Ein Wolf im Norden, der sich innerhalb eines großen Rudels bewegt und von wehrhaften Beutetieren lebt, zeigt die einzelnen Jagdverhaltenweisen in anderer Intensität als ein Einzelgänger im sächsischen Wald, der kaum noch auf größere Beute trifft.

Ausgelöst wird das Jagdverhalten bei beiden jedoch durch so genanntes Appetenzverhalten (ein Verhalten, dass ein Bedürfnis befriedigen soll). Das Tier verspürt Hunger und macht sich gezielt auf die Suche nach Reizen, die das Jagdverhalten auslösen, beispielsweise nach Duftspuren von Beute. Ist die Spur gefunden, werden die weiteren Schritte der Verhaltenskette abgespult, bis das Hungerbedürfnis gestillt ist.

Jagen ist also nichts anderes als eine Kette von Reizen und entsprechenden Reaktionen. Der Hunger führt zum gezielten Suchen von Spuren. Der Geruch führt dazu, dass das Tier beginnt, nachzustellen. Das Erreichen der Beute führt zum Ergreifen, dies wiederum zum Töten und Befriedigen des körperlichen Hungerbedürfnisses und somit zum Abbruch der Kette.

| Aufspüren durch | Suchen von Geruchs- oder Sichtspuren |
|---|---|
| Nachstellen durch | Umkreisen, Hetzen |
| Fangen durch | Aufspringen und verbeißen |
| Töten durch | Totschütteln, gezielten Biss in den Nacken/Hals, Aufreißen der Bauchdecke |
| Fressen durch | Abreißen, Herunterschlingen von Fleischbrocken, |

Komponenten einer Jagd

## 1.2 Die Rolle der Genetik

Carnivoren haben mit dem Verzehr von Lebewesen eine Möglichkeit gefunden, eine effiziente und schnelle Energiequelle aufzutun. Tierisches Eiweiß und vorverarbeitete pflanzliche Nahrung ermöglichen es den Beutegreifern einmalig eine große Menge der benötigten Stoffe aufzunehmen und zu speichern, im Gegensatz zu Pflanzenfressern, die in der Regel den ganzen Tag über Nahrung aufnehmen und unter großen Energieverlusten aufschlüsseln müssen.

Im Gegensatz zur Nahrung der Pflanzenfresser war diese Energiequelle jedoch nicht so leicht zu erschließen. Da Fleisch nicht einfach so herumliegt und gefressen werden kann, musste sich ein Verhalten entwickeln, Beutetiere zu jagen und zu töten. Individuen, die erfolgreicher bei der Ausführung dieses Jagdverhaltens waren, konnten mehr Nachkommen zeugen, die deren Gene trugen. Dies nennt man Selektion. Es selektierte sich ein sehr komplexes Verhalten heraus, das es den Tieren ermöglichte, miteinander zu kooperieren oder auch allein zu agieren, um Beute zu machen. Tiere, die dazu nicht oder nur ungenügend in der Lage waren, starben. Bei den so genannten Beutegreifern aber verankerte sich ihr Jagdverhalten fest in den Genen. Gerade diese Entwicklung von sozialer Kompetenz und Kooperationsbereitschaft macht den heutigen Haushund für uns so wertvoll.

„Jagen" liegt jedoch keinesfalls nur auf zwei oder drei Genen gespeichert. Wie wir noch sehen werden, ist „Jagen" als Verhalten sehr komplex und überschneidet sich mit vielen weiteren Verhaltensweisen aus anderen Bereichen. Eine klare Trennung ist kaum möglich. Geht man von der Theorie aus, dass das größte Bestreben eines Individuums ist, sich fortzupflanzen, so kann man jeden weiteren Verhaltenskreis als Mittel zu genau diesem Zweck deuten. Der Nahrungserwerb ist somit die Grundlage zur Verlängerung des eigenen Lebens, um möglichst viele Nachkommen zu zeugen. Dementsprechend variabel und anpassungsfähig sollte dieses Verhalten auch sein, denn die vorgegebenen Umweltbedingungen ändern sich ständig und viel zu schnell. Das Jagen ist also kein starres vorprogrammiertes Programm, sondern orientiert sich an den Umweltgegebenheiten.

So jagen Wölfe je nach der in ihrer Umwelt vorhandenen Beute entweder in Gruppen (Elche, Hirsche etc.) oder allein (Mäuse, Kaninchen etc.) Das Jagen überschneidet sich hier auch deutlich mit dem Verhaltenskreis „soziales Leben". Das wiederum ist für den Jagdgeplagten Hundehalter von Vorteil. Da die Gene ja nicht wissen können, welche Umweltbedingungen vorliegen, und sich auch so schnell nicht anpassen können, sind auf ihnen nur grundsätzliche Vorbedingungen gespeichert. Die Feinheiten des Verhaltens werden erlernt. Und genau hier kann das Training ansetzen!

Während wildlebende Wölfe noch das gesamte Jagdverhaltensrepertoire abspulen, tun das viele unserer Haushundrassen nicht mehr. Ein Wolf begann mit der Jagd, wenn ihn sein Körper (mittels Hunger) dazu drängte. Ist er satt, lässt er auch Beutetiere unbehelligt vorbeiziehen. Im Laufe der mehr als 15000 Jahre währenden Domestikation rückte die Jagd für den Hund immer weiter in den Hintergrund. Mit nomadisierenden und später sesshaften Menschen bildete sich für weniger scheue Wölfe eine neue ökologische Nische. Der Abfall von Menschen wurde zur Nahrungsquelle für Tiere, die sich nahe genug heranwagten und für die scheinbar das Risiko vom Menschen vertrieben zu werden, geringer war, als eine erfolglose Jagd. Es begann die Abspaltung des Haushundes vom Wolf. Durch die Zähmung wilder Wölfe (für die es viele Theorien gibt) entwickelte sich ein Haustier, das den menschlichen Bedürfnissen entsprach. Während die beginnende Sesshaftigkeit und damit eintretender „Luxus" dem Menschen erlaubte, weitere Fresser aus reinem Luxus bei sich zu halten, erkannte er bald dessen Nützlichkeit als Abfallverwerter, Lagersäuberer und Ankündiger von Feinden. Auch die wölfischen Möglichkeiten der Jagd hat der Mensch irgendwann zu nutzen gewusst.

Nun, da der Wolf beim Menschen lebte, hatte dieser die Auswahl bestimmter Eigenschaften in der Hand. Tiere, die ihm nützlich waren, also beispielsweise bei der Jagd gute Hilfe leisteten, wurden besser behandelt. Da der Mensch nicht das gesamte Jagdrepertoire brauchte oder wollte (ein Tier sollte das gefangene Wild beispielsweise nicht selbst fressen), ließ er nur die Tiere Nachkommen haben, die bestimmte Sequenzen nicht bzw. verstärkt zeigten. Im Laufe der Zeit setzen sich Individuen durch, die verschiedene, dem Menschen nützliche Eigenschaften besonders gut ausführten. Anfangs mehr oder weniger zufällig, später auch ganz bewusst begann der Mensch zu züchten.

Im Laufe der Jahrtausende entwickelten sich viele Gründe, Hunde zu halten. Auf diesen baute die Zucht auf, die heute diverse Ansprüche erfüllen muss und die sehr genauen Regeln unterliegt. Das Aussehen änderte sich, bestimmte Verhaltensweisen wurden bevorzugt. Alles, was in irgendeiner Form in den Genen verankert ist, ließ sich durch gezielte Zuchtauswahl beeinflussen und das tut der Mensch bis heute. So entstanden dementsprechend die verschiedenen Gebrauchshunderassen. Neben den Jagdhunden, die je nach menschlichem Gutdünken bestimmte Jagdsequenzen besonders gut ausführen können, gibt es Herdenschutzhunde, Laufhunde, Begleithunde etc., bei denen zwar kein Wert auf Jagdverhalten gelegt wurde, es jedoch auch nicht gezielt weggezüchtet wurde bzw. werden konnte.

In den letzten hundert Jahren wurde der jetzige Hund immer mehr zum Begleiter des Menschen und immer weniger Nutztier. So schnell, wie die Ansprüche und Wünsche des Menschen sich ändern, kommt die Selektion jedoch, weder künstlich noch natürlich nach. Hunde besitzen also natürlicherweise immer noch die genetische Ausstattung, Beute zu suchen, zu hetzen und auch zu töten. Jeder Hundehalter sollte sich bewusst sein, dass sein Hund systematisch gesehen zu den jagenden Beutegreifern gehört und somit Verhaltensweisen zeigen kann, die seine Art unter anderem ausmacht.

Die umseitige Tabelle gibt Ihnen einen Überblick über die Grobeinteilung von Hunden, die für spezielle Jagdbereiche gezüchtet wurden. Wie Sie jedoch sicherlich selbst wissen, heißt das nicht, dass beispielsweise ein Vorstehhund niemals stöbert, oder ein Apportierer nicht hetzt! Im Gegenteil, diese Rassen sind lediglich Spezialisten in ihrem Gebiet, aber gleichzeitig vielseitig einsetzbar.

# I Hintergrund

| | Aufgabe | Rassen |
|---|---|---|
| **Erdhunde** | Erdhunde kriechen in den Bau unter die Erde und treiben die Tiere heraus. | Kurzhaardackel, Langhaardackel, Rauhaardackel, Deutscher Jagdterrier, Foxterrier, Welsh Terrier, Jack Russel Terrier |
| **Jagende Hunde** | „jagende Hunde" verfolgen die Beute lautgebend und treiben Sie dem Jäger vor den Lauf. Sie „brackieren". | Brandlbracke, Steirische Hochgebirgsbracke, Tiroler Bracke, Alpenländische Dachsbracke, Deutsche Bracke, Olper Bracke, Schwyzer Niederlaufhund, Beagle |
| **Stöberer/ Apportierer** | Stöberer scheuchen Beutetiere hoch, damit der Jäger sie schießen kann. Apportierer suchen und bringen getötete kleinere Beutetiere | Cocker Spaniel, Springer Spaniel, Deutscher Wachtelhund Labrador Retriever, Golden Retriever, Flatcoated Retriever |
| **Schweißhunde** | Schweißhunde folgen dem Geruch des Blutes (Schweißes) angeschossener Tiere und zeigen sie dem Jäger an. | Hannoverscher Schweißhund, Bayrischer Gebirgsschweißhund, Blood Hound |
| **Vorstehhunde** | Vorstehhunde weisen mit ihrem Körper die Richtung, in der das Wild zu finden ist. | Pointer, Magyar Viszla (Kurzhaar, Rauhaar), Weimaraner (Kurzhaar, Langhaar), Gordon Setter, Irish Setter, Englisch Setter, Münsterländer (Kleiner und Großer), Deutsch Langhaar, Deutsch Kurzhaar, Deutsch Stichelhaar, Griffon, Pudelpointer, Epagneul Francais, Epagneul Breton |

## 1.3 Der Lerneffekt

Hunde sind Lauftiere. Bewegung macht sie aus. In der Regel haben sie eine sehr viel schnellere Fortbewegung als wir Menschen. Bewegung ist ein Bedürfnis, dem wir Menschen Rechnung tragen müssen. Es regt das Gehirn an zu arbeiten, stärkt das Immunsystem und den physiologischen Zustand des Hundes. Hunde, die sich viel bewegen, leben länger und sind gesünder, kräftiger und intelligenter als Hunde, die Plüschtieren Konkurrenz machen. Bewegung ist Arbeit. Und genau wie bei Sportlern schüttet das Gehirn Botenstoffe (so genannte Neurotransmitter) aus, die nach einer Anstrengung positive Gefühle hervorrufen.

Diese Glücksgefühle wiederum bewirken einen Lernmechanismus. Wie auch der Mensch, versucht der Hund, diesen Glückszustand so oft wie möglich herzustellen. Er lernt also, dass Rennen und Hetzen Glück bringt. Ein weglaufender Hase oder ein springendes Reh löst einen Reiz aus und wird damit ebenfalls zur Ankündigung für schöne Gefühle, wenn der Hund bestimmte Verhaltensweisen (Hinterher rennen) ausführt.

Dass es überhaupt zu einer Verknüpfung kommt, liegt vor allem an der Vielzahl von vorhandenen Auslösereizen, aber auch an mangelnden Beschäftigungsmöglichkeiten für Haushunde. Viele Menschen vergessen, dass Hunde hoch intelligente Wesen sind. Die tägliche Gassirunde um den Block kann ihrer Intelligenz in keiner Weise Genüge tun. Viele Hunde sind einfach grundsätzlich unterfordert. Sie suchen sich dementsprechend eine eigene lustvolle Beschäftigung. Jagen ist für Hunde eine tolle Alternative.

Ganz egal, warum der Hund überhaupt begonnen hat, zu jagen, spielt dieses Lernen am Erfolg immer eine Rolle. Für das Training heißt das, dass man also immer gegen die Lust am Jagen arbeitet (oder damit). In einigen wenigen Fällen reicht es jedoch trotzdem aus, nur kleine Dinge zu ändern, um das Problem zu lösen. Aus diesem Grund ist eine Analyse der Ursachen, soweit möglich, nie verkehrt.

## 1.4 Ursachenforschung

Es gibt diverse Gründe, warum Hunde nun tatsächlich jagen gehen. In den meisten Fällen überschneiden sich diese und sind nicht mehr voneinander zu trennen. In einigen wenigen Fällen ist das Jagen jedoch auch für den Hund nur ein Ersatzverhalten. In diesen wenigen Fällen können, Prognosen zum Trotz, auch geringfügige Änderungen reichen, um das Jagen zu verhindern. Als Faustregel gilt aber wie immer: Je länger ein Verhalten schon ausgeführt wird, desto länger dauert es auch, es zu löschen.

Sollten Hunde hauptsächlich aus Mangel an Beschäftigung jagen gehen, erkennt man das daran, dass sie bei entsprechenden Beschäftigungsangeboten des Besitzers kaum derartige Versuche machen. Manchmal reicht es dann aus, darauf zu achten, monotones Laufen, gleiche Wegstrecken, immer dasselbe Spaziergehgebiet und zu kurze Gänge zu vermeiden und dem Hund regelmäßige Beschäftigung zu bieten. Natürlich muss diese Beschäftigung eine geeignete Alternative zum Jagen sein. Die meisten unterbeschäftigten, aber gut gehaltenen Hunde ziehen das soziale Spiel mit dem Besitzer einer einzelnen Jagd durchaus vor.

Auch Stressabbau kann ein Grund dafür sein, dass Ihr Hund jagen geht. Hunde, die beispielsweise nur jagen gehen, wenn Sie in einer Hunderunde spazieren gehen, finden diese Spaziergänge häufig nicht so toll, wie der Besitzer meint. Um diesem Stress zu entkommen, gehen diese Hunde jagen. Andere Hunde laufen in solchen Fällen sehr weit hinten oder vorn. All das sind Anzeichen dafür, dass Ihrem Hund die Situation nicht gefällt und er versucht eine Strategie zu finden, damit fertig zu werden. Möglich ist auch, dass der Hund sich von der Gruppe anstecken lässt und alle gehen zusammen auf Jagd.

*Billy, der Boxer reagiert ängstlich auf große, schwarze, selbstbewusste Rüden. Kommt ihm während des Spazierganges ein solcher Rüde entgegen, kann es durchaus passieren, dass Billy plötzlich geschäftig in den Wald stürmt und jagt. Ist der fremde Rüde vorbei, kommt Billy wieder auf den Weg zurück und geht ohne jagdliches Interesse weiter seines Weges.*

*Australian Shepard Bessy neigt bei Gruppenspaziergängen dazu, einen sehr großen Radius um ihre Besitzerin herum einzunehmen. Je mehr Menschen und Hunde an dem Spaziergang teilnehmen, umso größer wird ihr Radius. Noch größer wird er, wenn Menschen an dem Spaziergang teilnehmen, die ihrem Hund ständig laute Kommandos geben. Sie schaut dann, ob sie nicht doch ein lautloses Kaninchen finden kann.*

Dieses Problem lässt sich oft lösen, wenn man die eigenen Spaziergehbedürfnisse dem Hund anpasst und den Jagdverhalten auslösenden Stress vermindert bzw. ganz abstellt.

Viele Hunde gehören einer so genannten Jagdgebrauchshunderasse an. Das bedeutet, dass diese Hunde speziell für die Jagd gezüchtet wurden. Jede dieser Rassen verfügt über spezielle Eigenschaften. Zum Beispiel gibt es die Vorsteher (Setter, Münsterländer, Pointer etc.), die sich durch das Anzeigen von Wild auszeichnen. Dann gibt es die Apportierhunde (Retriever etc.), die nach dem Schuss das tote Wild holen und zum Jäger zurück bringen. Es gibt die Bodenjagd (Terrier etc.), bei der die Hunde z.B. in den Fuchsbau geschickt werden oder in ein Dornengestrüpp, um die dort heimischen Tiere hinaus zu treiben. Aus welchem Grund auch immer landen diese Spezialisten manchmal in ziviler Hand. Fast immer kommt es zu einem unerwünschten Jagdverhalten. Der eigentlich für die Jagd gezüchtete Arbeitshund soll plötzlich als Familienhund leben und keinerlei jagdliche Ambitionen zeigen. Eine völlige Unterdrückung des Jagdverhaltens ist nicht möglich. Ziel des Trainings muss hier die Kontrolle des Hundes sein und die Übersicht zu behalten.

Zu einer weiteren Gruppe von Hunden, die jagen, gehören solche Hunde, die wirklich Nahrung suchen. Dazu zählen Hunde, die als Straßenhunde gelebt haben und jagen gehen mussten, um zu überleben. Das Pendant dazu sind Hunde, die auf Müllkippen lebten oder von barmherzigen Touristen gefüttert wurden und zum Staubsauger geworden sind. Diese Hunde haben eventuell Jahre mit dem Wissen gelebt, dass nicht zu jagen ihren Hungertod bedeuten könnte. Durch oftmals mangelnde Prägung auf den Menschen zeigen sie eine Unabhängigkeit, die sich meist durch Ausbruchversuche aus Haus und Garten, bei Freilauf besonders langes Fortbleiben, auffällig wenig Blickkontakt zum Besitzer, großen Bedarf nach Sozialkontakten mit anderen Hunden u.a. äußert. Je nachdem, wie lange die Hunde diese Erfahrung machten, gehören sie sicher zu den Tieren, mit denen man das größte Problem in Bezug auf Jagen haben wird. Jagen ist für sie überlebenswichtig und auch regelmäßige Fütterung wird sie kaum vom Gegenteil überzeugen. Bei diesen Hunden ist mit Sicherheit zu bestimmten Zeiten und in bestimmten Gebieten immer Leinenzwang nötig.

Neben dem Jagen als Übersprungsverhalten, oder aus Hunger, ist der Grund für das Jagen wohl vorwiegend dem Überfluss an Jagd auslösenden Reizen und dem selbstbelohnenden Effekt der Jagd zuzuschreiben; vor allem bei unseren geistig meist unterbeschäftigten Haushunden.

Ob die oben beschriebenen Möglichkeiten für Ihren Hund ausreichen, müssen Sie selbst testen. Seien Sie jedoch nicht enttäuscht, wenn es gerade bei Ihnen nicht der Fall ist. Sehen Sie dieses Buch auch als Anregung, wieder vermehrt mit dem Hund zusammen zu arbeiten, und freuen Sie sich über Teilerfolge. Hunde sind keine Maschinen, und was für uns ein Problemverhalten ist, gehört zum Naturell Ihres Tieres.

Vielleicht werden Sie bald wieder mit Ihrem leinenlosen Hund im Wald unterwegs sein können. Vielleicht kommen Sie aber auch nur bis zu einem gewissen Punkt und nicht weiter. Dann denken Sie immer daran, dass das Laufen an der Leine in bestimmten Gebieten manchmal bessere Lebensqualität bietet als ständiger Ärger mit dem Hund und einen dadurch entstehenden Bruch im Vertrauen zueinander.

## 2. Was tun?

Die Genetik kann man nicht ändern. Sie können also lediglich an der Komponente des Erlernten und Erlernbaren arbeiten

Sinn des Trainings kann es demnach nur sein, den Hund dazu zu bringen, ein anderes Reaktionsverhalten auf Jagd auslösende Reize zu zeigen. Das heißt, die Genetik auszutricksen. Klingt unmöglich? Nun ja, keiner behauptet, dass es leicht sei. Denn was man versucht, ist, ein Reiz-Reaktionsmuster zu unterbrechen und neu zu erstellen. Dies ist die einzige Möglichkeit, einzugreifen in das ansonsten selbständig ablaufende Verhaltensmuster.

Bisher sieht oder riecht der Hund ein Wildtier (=) Reiz und fängt an zu stöbern oder hetzen (=Reaktion). Nun soll er diese Reaktionen jedoch unterlassen. Genau hier liegt ein Trainingsknackpunkt. Für das AJT reicht es nicht aus, als Ziel zu haben, dass der Hund nicht mehr stöbern soll, wenn er etwas bemerkt. Dies ist schlicht unmöglich, denn auf diesen Reiz wird immer eine Reaktion erfolgen. Das Ziel wird sein, dass die Reaktion eine andere ist. Machen Sie sich für ihr gesamtes Training klar:

**Sie müssen wissen, was Ihr Hund tun soll. Es reicht nicht, zu wissen, was er nicht tun soll!**

Erst wenn Sie diesen Punkt auch praktisch umsetzen können, werden Sie Erfolg haben.

Um mit dem Training zu beginnen, müssen wir vorher einen kleinen Exkurs zum Thema „Wie lernt mein Hund?" machen. Dies ist wichtig, um die Voraussetzungen zu schaffen, mit dem Hund richtig zu kommunizieren. Nehmen Sie sich also unbedingt Zeit, dieses Kapitel zu lesen und zu verstehen.

## 2.1 Arbeiten mit den Lerngesetzen

Wie bekommt man einen Hund dazu, das zu tun, was man von ihm erwartet?

Hunde lernen am Erfolg. Erfolg ist alles, was dem Hund gefällt und ihm ein gutes inneres Gefühl beschert. Für das Training ist es daher essentiell, zu wissen, was für den Hund Erfolg ist. Das können Hundekekse genauso sein wie der Duft einer tollen Hündin oder das hormonelle Hoch nach einem 100m Sprint. Alles, was Ihrem Hund einen Erfolg beschert, versucht er zu wiederholen. Hat er es also einmal geschafft, das Brot vom Tisch zu stibitzen, wird er es wieder versuchen. Die Wiederholung beweist gleichzeitig, dass das Brot vom Tisch für Ihren Hund einen Erfolg bedeutet hat. Erfolg bringt ein Lebewesen also dazu, das Erfolgbringende Verhalten zu wiederholen.

Im Gegensatz dazu ist Misserfolg alles, was dem Hund ein ungutes Gefühl beschert. Hat ihm das Brot vom Tisch (im obigen Beispiel) nicht geschmeckt, wird er keinen weiteren Versuch unternehmen, es von dort zu stibitzen. Schlechte Gefühle bringen nicht nur Schläge oder Gebrüll, sondern es sind schon ganz subtile Sachen wie das Ignorieren des Hundes oder ein böser Blick, die als Misserfolg bzw. negativ wirken können. Hunde merken an Ihrem Gang oder Ihrer Ausdünstung, was sie zu erwarten haben.

Ein Misserfolg lässt ein Verhalten verschwinden oder zumindest seltener werden. Ein Hund, der an der Faust kratzt, um an das Futter darin zu kommen, wird früher oder später aufgeben und weggehen oder sich hinsetzen, wenn er nicht daran kommt. Probieren Sie es aus. Nehmen Sie ein paar Bröckchen in die Faust und halten Sie diese Ihrem Hund unter die Nase. Wenn Sie nichts sagen und die Faust da lassen, wo sie ist, wird Ihr Hund irgendwann aufhören, daran zu lecken oder zu kratzen.

Und haben Sie noch etwas anderes bemerkt bei dieser Übung? Genau. Ihr Hund versucht durch anderes Verhalten an das Futter zu gelangen. Vielleicht setzt er sich hin, oder er bellt, oder er geht zur anderen Hand. In den meisten Fällen benutzt der Hund dabei ein Verhalten, das ihm vorher schon einmal Erfolg beschert hat. Welcher Hundebesitzer kennt nicht die schmachtenden Blicke seines halbverhungerten Familienmitglieds, wenn es zum Mittag Hackbraten gibt?

Letztendlich richtet sich das Verhalten eines Hundes vor allem nach seinen Erfolgserlebnissen. Die Misserfolge zeigen ihm nur, dass er einen anderen Weg suchen muss. Dies wiederum schließt den Kreis zum oben genannten wichtigsten Trainingsgrundsatz, zu wissen, was der Hund tun soll, statt zu sagen, was er nicht soll. Merken Sie sich das gut!

Folgende Übersicht zeigt Ihnen, wie Übungen grundsätzlich aufgebaut werden sollten. Die Einzelschritte werden im nachfolgenden Text erklärt.

| **Vorgehensweise** | **Erreichbar durch** |
|---|---|
| 1. Verhalten abrufbar machen | • Freies Formen, <br> • Bestärken spontanen Verhaltens <br> • Locken in gewünschte Verhaltensweise |
| 2. Signal einführen | • Wort oder Sichtzeichen kurz vor Ausführen des Verhaltens geben |
| 3. Variabel bestärken | • Belohnung in Qualität variieren <br> • Einzelne Belohnungen auslassen (ausschleichen)) |
| 4. Generalisieren | • Üben an verschiedenen Orten unter unterschiedlicher Ablenkung |

## 2.1.1 Ressourcenkontrolle/Verstärkung

Sie wissen nun also, dass ein belohntes Verhalten wiederholt wird. Hier können Sie als Trainer/in Ihres Hundes eingreifen. Wenn Sie auf den Belohnungsskala im Anhang geschrieben haben, was Ihr Hund alles mag, dann müssen Sie sich nun überlegen, wie Sie diese Dinge ausnutzen können. Ressourcenkontrolle ist das Zauberwort dafür. Sie haben als Hundebesitzer die Konsequenzen seines Verhaltens unter Kontrolle. Sie können darüber bestimmen, ob sein Verhalten Erfolg haben wird oder nicht und ob es dadurch verstärkt auftritt oder verschwindet. Sie haben die Leine, die sich lösen kann, sie verfügen über die Haustür, die Sie öffnen können, Sie können den Dosenöffner bedienen und das Frisbee werfen. Ihr Hund zerrt wie wild an der Leine, um zu seinem Freund zu gelangen? Warten Sie ab, bis die Leine locker hängt. Dann darf er hinrennen und hat gelernt, dass er erstens mit Zerren keinen Erfolg hat und zweitens lossausen darf, wenn er ruhig bleibt.

Alles steht und fällt damit, wie Sie Ihren Hund motivieren können mit Ihnen zu arbeiten. Nehmen Sie sich also die Belohnungsskala im Anhang und füllen Sie diese aus. Schreiben Sie in absteigender Reihenfolge auf, was Ihrem Hund aus seiner Sicht (!) am besten gefällt. Testen Sie, wann ihr Hund guter Laune ist. Vergessen Sie neben den üblichen Trockenfutterleckerchen nicht solche Dinge wie Schnüffeln, spielen mit fremden Hunden, mit Ihnen spielen oder auch gekochte Hühnerherzen, Käse, Pansen, Mäuselöcher, Wassertümpel, das Rennen an sich, Suchspiele und was Ihren Hund sonst noch so begeistert. Die Belohnung, also die Motivation für Ihren Hund, etwas zu tun, ist das A und O des Trainings. Machen Sie sich viele Gedanken darüber, beobachten Sie Ihren Hund und notieren Sie sich alles, was Ihnen dazu einfällt. Nehmen Sie sich gründlich Zeit dafür!

Die Belohnungen sollen Ihren Hund darin bestärken, das von Ihnen erwünschte Verhalten häufiger zu zeigen. Einige Menschen geben nur sehr widerwillig so viele Leckerchen, weil sie diese unter anderem als Bestechung ansehen. Mit dieser Denkweise stellt man sich selbst ein Bein, wenn man zwar Leckerchen als Belohnung einsetzt, aber nur widerwillig und spärlich verteilt. Der Hund lernt dadurch sehr langsam oder überhaupt nicht und der Besitzer sieht sich in seiner Meinung bestätigt. Leckerchen, Spielzeug, Streicheln, nette Worte und andere Belohnungen sind nichts anderes als Verstärker. Mit dem richtigen Timing verstärken sie das Auftreten einer Verhaltensweise beim Hund indem sie ihm deutlich zeigen, mit welchem Verhalten er Erfolg (also Futter, Spielzeug etc.) haben kann. Je häufiger sie verstärken, desto eher und sicherer wird ein Verhalten wieder gezeigt, denn der Hund versteht schneller, worum es Ihnen geht. Und umso eher können Sie die Rate der Belohnungen herabsetzen und variabel bestärken.

Ein weiteres Vorurteil gegen Leckerchen im Hundetraining ist die Meinung, dass der Hund später nur gehorcht, wenn der Besitzer Futter dabei hat. Tatsächlich kommt das recht häufig vor, ist aber ganz klar ein Trainingsfehler. Hunde sind schlau und merken natürlich sofort, wenn die Hand in die Tasche zu den Leckerchen geht und sie somit eine größere Chance haben, etwas zu bekommen. Sie können diesen Fehler vermeiden, indem Sie mit einem Brückensignal arbeiten und indem Sie das Futter als Lockmittel nur selten und nur zu Anfang einsetzen. Eine Belohnung gibt es immer erst, *nachdem* der Hund ein Verhalten ausgeführt hat und nur anfangs, *damit* er etwas tut.

Man kann Verstärker in zwei Gruppen einteilen. Die erste Gruppe beinhaltet die so genannten „erwarteten Verstärker". Dies ist alles, was Ihr Hund im Moment seines Verhaltens haben bzw. tun möchte. Beispiele dafür sind das Hinter-einem-flüchtenden-Reh-Herjagen, das Schnüffeln am Wegesrand oder das Vorwärtskommen an der Leine. Diese Verstärker haben eine enorme Kraft, wenn Sie es schaffen, sie für Ihre Ziele einzusetzen. Der Hund lernt, dass er an sein Ziel kommt, wenn er mit Ihnen zusammenarbeitet. Er kann beispielsweise lernen, erst Blickkontakt zu Ihnen aufzunehmen, bevor er am Wegesrand schnüffeln darf. Oder er achtet darauf, dass die Leine locker ist, wenn er vorwärts kommen will.

Die zweite Gruppe sind die so genannten „konkurrierenden Verstärker". Diese Verstärker konkurrieren mit dem, was Ihr Hund gerade möchte. Dies sind beispielsweise Käsebröckchen, die Sie Ihrem Hund anbieten, damit er Sie anschaut, statt zum anderen Hund hinzurennen. Diese Verstärker setzt man ein, wenn man das, was der Hund in diesem Moment gerne hätte (also den „erwarteten Verstärker"), nicht nutzen kann, darf oder möchte.

Schon am genannten Beispiel merken Sie, dass Sie hier sehr viel kreativer sein müssen, damit Ihr Verstärker tatsächlich stärker ist (und das erwünschte Verhalten verstärkt) als der vom Hund erwartete Verstärker. Leider gibt es hier keine pauschalen Regeln, die auf alle Hunde zutreffen, denn genauso wie jeder Mensch, haben auch Hunde unterschiedliche Vorlieben. Die einzige Hilfe, die dieses Buch Ihnen dafür mitgeben kann ist: Gegen Bewegung hilft Bewegung am besten. Setzen Sie also Bewegung als Verstärker ein, wenn Ihr Hund wegrennen möchte. Bewegung selbst kann wieder sehr differenziert sein. Sie können mit dem Hund spielen, mit ihm rennen, ihm etwas werfen usw. Einen Hund kann man nicht am Jagen (= viel Bewegung) hindern, indem man ihm ein Stück Trockenfutter in die Schnauze stopft. Wenn Sie jedoch mit ihm zusammen nach Hühnerherzen stöbern, hetzen und finden gehen, dann haben Sie eine reelle Chance, dass er bei Ihnen bleibt.

### 2.1.2 Das Brückensignal

Wenn Sie das ansatzweise einmal ausprobiert haben, werden Sie merken, dass die Theorie meist leichter klingt als die Durchführung in der Praxis. Im oben genannten Beispiel des angeleinten Hundes, der zum anderen Hund laufen möchte, passiert meist folgendes: Der Hund zerrt und jault an der Leine, Sie warten daneben und bleiben ganz ruhig. Irgendwann hört Ihr Hund kurz auf zu jaulen und setzt sich hin. Sobald er sitzt, wollen Sie ihn dafür belohnen, indem Sie die Leine lösen. Aber in dem Moment, indem Sie sich zu ihm herunterbeugen, fängt er wieder an zu jaulen.

Neben dem Wissen, was Ihr Hund in genau diesem Moment als Verstärkung empfindet, ist das Timing ebenso wichtig. Da Hunde unsere Sprache nicht verstehen, müssen wir ihnen anderweitig klarmachen, wofür sie gerade verstärkt werden. Das geht nur, wenn die Verstärkung zeitgleich oder sehr kurz nach dem erwünschten Verhalten gegeben wird. Der Karabiner müsste also in genau dem Moment abspringen, indem Ihr Hund ruhig sitzt. Sie wissen sicher selbst, wie schwer das ist.

Ganz wichtig für das Training ist also ein Brückensignal. Das ist ein Signal, dass die Zeit überbrückt von dem erwünschten Verhalten bis zur Verstärkung für ebendieses Verhalten. Der Hund weiß dadurch, wofür er verstärkt wurde, und wir können uns Zeit lassen mit dem Geben der Verstärkung. Dieses Signal sollte dem Hund auch wirklich antrainiert werden, damit er es klar und sicher versteht.

Ein solches Signal kann ihr gesprochenes „Ja" sein oder besser ein immer gleich klingendes Geräusch, wie der Klicker. Einer der vielen Vorteile des Klickers ist, dass der Hund das Geräusch, wenn es antrainiert ist, nicht analysieren muss, wenn er es hört. Er muss nicht untersuchen, ob das „Fein" jetzt ehrlich erfreut klingt oder eher nach „eigentlich würde ich dich lieber...!". Die einzige Bedeutung des Klicks ist, dass das. was der Hund gerade getan hat, super war und er dafür eine Belohung bekommt. Das führt dazu, dass ein Klick im Hund schon eine positive Stimmung anfacht, bevor er überhaupt weiß, was er nun bekommt. Dies ist unter anderem auch der Grund dafür, dass der Klick noch bis zum Hundehirn vordringt, wenn jedes gesprochene Wort schon ausgeschaltet wird. Während des Vorstehens beispielsweise (siehe Kapitel IV.5). Über die weiteren Vorteile des Klickers lesen Sie bitte in den aufgeführten Literaturhinweisen im Anhang. Im Buch werden wir die Übungen mit dem Klicker als Brückensignal aufbauen. Wenn Sie keinen Klicker benutzen, dann ersetzen Sie das „Klick" im Buch bitte durch Ihr Brückensignal.

Bevor Sie mit dem Training beginnen, suchen Sie sich bitte ein Brückensignal (BS) aus und bringen Sie es Ihrem Hund wie folgt bei:

*Nehmen Sie sich am besten Futter, das Ihr Hund gern mag. Sagen oder geben Sie das BS und bieten Sie **sofort** danach das Futterstück an. Lassen Sie ihn auffressen und wiederholen Sie das Ganze noch einmal. Das Futter sollte außer Sichtweite des Hundes sein, zum Beispiel hinter Ihrem Rücken. Hervorgeholt wird es erst **nach** dem BS. Wiederholen Sie dies fünf bis zehn Mal und warten Sie dann einen Augenblick ab, in dem Ihr Hund wegschaut. Geben Sie das BS und sehen Sie was passiert. Schaut er Sie erwartungsvoll an? Dann hat er das BS verstanden und Sie können damit arbeiten. Falls nicht, machen Sie die Übung noch etwas länger. Benutzen Sie die nächsten Tage das Brückensignal unbe-*

*dingt jedes Mal, wenn Ihr Hund eine große Belohnung verdient hat. So wird das BS für ihn zu demselben Signal wie für Schulkinder die Klingel zur Pause. Sie haben damit einen wirkungsvollen Marker.*

Für die Wirksamkeit des BS ist es wichtig, dass ihm immer eine Bestärkung folgt, die der Hund gerade unbedingt haben möchte. Sicherlich freut sich Ihr Hund auch über Ihr „Brav" oder „Fein", in den meisten Fällen würde er jedoch dafür sicher nicht durch einen Feuerreifen springen, oder? Genau das soll aber passieren, und deshalb ist es so wichtig, dass Ihr BS immer gleich klingt, nie eine negative Färbung bekommt und immer eine Belohnung zur Folge hat. Der weitere Vorteil eines BS (neben dem präzisen Timing) ist die Vorfreude, die es beim Hund auslöst. Kennen Sie das Gefühl, wenn Weihnachten vorbei ist? Das Verteilen der Geschenke war meist nie so toll, wie die Vorfreude darauf. Genau dieses hormonelle Hoch der Vorfreude hat einen riesigen Effekt auf den Erfolg beim Lernen.

Damit Ihr BS punktgenau den manchmal winzigen Moment markieren kann, in dem Ihr Hund Sie beispielsweise gerade anschaut, muss es ein kurzes und prägnantes BS sein. Ein „Ja" oder ein Geräusch (wie der Klick des Klickers) ist da sehr viel besser, als ein mehrsilbiges Wort.

Ob Ihre Wahl richtig war, können Sie wie folgt testen:

*Geben Sie das BS, während Sie mit Ihrem Hund ohne Leine spazieren gehen, sobald er Sie kurz unaufgefordert und zufällig ansieht. Versuchen Sie jedes zufällige Ansehen so zu bestärken. Schaut er Sie nach einigen Malen öfter und/oder länger an? Dann ist es ein perfektes BS, und Sie haben ein tolles Timing!*

*2.1.3 Signaleinführung*

So, nun wissen Sie, wie Sie ein Verhalten verstärken können, damit ihr Hund es öfter zeigt. Jetzt haben Sie die Möglichkeit, das Verhalten auch zu benennen. Bisher haben Sie Ihren Hund bestärkt, wenn er das Verhalten gezeigt hat, aber in Zukunft soll er es ja auf Ihr Signal hin ausführen. Damit der Hund lernen kann, dass ihr Signal, eine Chance für ihn ist, belohnt zu werden, geben Sie das Signal jetzt jedes Mal kurz bevor oder während der Hund das Verhalten zeigt. Ist er also im Begriff, sich zu setzen, sagen Sie Ihr „Sitz". Sagen Sie das Signal immer erst dann, wenn Sie Geld darauf verwetten würden, dass er sich wirklich setzt. Der Grund ist einfach. Wenn Sie ein Signal geben, der Hund aber gerade nicht das Gewünschte macht, dann kann er nicht lernen, was Ihr Signal bedeutet. Stellen Sie sich vor, Sie sind im Ausland, Sie beherrschen die Sprache nicht und Ihr Gastgeber redet mit Ihnen. Welche Chance haben Sie, zu raten, was er meint? Wenn er jedoch jedes Mal, wenn Sie das Weinglas heben, denselben Begriff ruhig und deutlich ausspricht, dann dürfte klar sein, dass es etwas mit Wein trinken zu tun hat. Nach mehreren Wiederholungen versuchen Sie, das Signal zu geben, wenn der Hund gerade nicht dabei ist, das Verhalten auszuführen. Reagiert er darauf? Dann können Sie dazu übergehen, das Signal zu geben, wenn Sie etwas von ihm möchten.

### 2.1.4 *Generalisieren*

Generalisieren bedeutet nichts anderes, als dass der Hund das Verhalten möglichst immer und überall ausführen soll. Hunde lernen oft orts- und situationsgebunden. Wenn Sie das Sitz also in der Küche trainiert haben, heißt das noch lange nicht, dass er es im Wohnzimmer versteht. Das gilt vor allem für schwierigere Verhaltensweisen. Bauen Sie die beschriebenen Übungen deshalb an möglichst vielen verschiedenen Orten und in verschiedenen Situationen neu auf. Ihr Hund lernt so, dass es einzig und allein Ihr Signal ist, auf das es ankommt und nicht der Baum neben Ihnen, Ihre Körperhaltung oder andere Hunde.

Gerade bei passionierten Jagdhunden ist es so, dass sie außerhalb der Wohnung auf gar nichts mehr reagieren. Deswegen ist es wichtig, dass Generalisieren langsam und systematisch aufzubauen. Beginnen Sie in Situationen und an Orten, wo Ihr Hund ansprechbar ist und bereit, auf Sie zu achten. Steigern Sie die Ablenkung durch neue Umgebungen möglichst immer nur so wenig, dass die Übungen noch machbar sind. Sollte er nur zu Hause übungsbereit sein, dann beginnen Sie eben dort, auch wenn es mehrere Tage dauert. Üben Sie in der Küche, im Wohnzimmer, im Flur, im Treppenhaus, im Vorgarten usw. „Schleichen" Sie sich langsam an die Ablenkung heran. Wenn Ihr Hund Spaß an der Arbeit mit Ihnen hat, werden Sie schnell merken, dass es auch draußen immer besser funktioniert

Auch die Umgebung draußen lässt sich in ablenkungsreich und weniger ablenkungsreich einteilen. Gehört Ihr Hund zu denjenigen, die sich durch die weite Sicht der Felder jagdlich inspirieren lassen? Oder ist Ihr Hund im Wald viel aufgeregter als auf einer Wiese? Vielleicht lenken ihn Gewässer am Rand Ihres Weges besonders ab? Jeder Hund besitzt eine individuelle Generalisierungsskala. Das heißt, dass jeder Hund sich von bestimmten Situationen und an bestimmten Orten mehr oder weniger ablenken lässt als ein anderer Hund es tun würde.

Die Generalisierungsskala für die Große Münsterländerin Eika sieht folgendermaßen aus:

*Im Haus ist die Große Münsterländerin Eika am wenigsten abgelenkt. Auch Besucher lenken sie kaum ab. Als nächster Ort zum Üben bieten sich Hundewiesen an, da Eika sich nicht für andere Hunde interessiert und sich in der Regel kein Wild auf Hundewiesen aufhält. Als weiterer Ort zum Üben sind allgemein ruhige Straßen zu bevorzugen. Wiesen bedeuten durch die potenziellen Buddellöcher schon viel mehr Ablenkung. Felder sind die nächste Steigerung. Als Ort noch höherer Ablenkung steht der Garten. Eika ist sehr wachsam, und jeder Eindringling wird mit tiefem Gebell begrüßt. Dementsprechend wenig Aufmerksamkeit schenkt sie ihrer Besitzerin im Garten. Ganz am Ende der Skala stehen große Wälder. Je weniger Menschen und andere Hunde sich darin aufhalten, umso höher scheint die Ablenkung zu sein, vielleicht deswegen, weil sich das Wild in den wenig frequentierten Waldbereich zurückgezogen hat und somit vermehrt Wildspuren auf den Wegen sind.*

Wie sieht die Generalisierungsskala für Ihren Hund aus? Im Anhang des Buches befindet sich eine Generalisierungsskala zum Ausfüllen. Bitte füllen Sie diese jetzt aus! Orientieren Sie sich an den Übungen, die Ihr Hund bereits kennt. Wo führt er die Übungen gut aus, wo schlecht und wo gar nicht mehr? Lässt Ihr Hund sich von anderen Hunden oder Menschen ablenken? Wie stark? Wann wirkt Ihr Hund besonders aufgeregt? Wann ist er nicht mehr ansprechbar? Setzen Sie diese Skala ein, um die Ablenkung für das Training systematisch steigern zu können.

## 2.1.5 Variable Verstärkung

Ein Verhalten, dass in 99 von 100 Fällen per Signal abrufbar ist, muss variabel verstärkt werden. Das bedeutet, dass es nun nicht mehr für jede korrekte Ausführung eine Belohnung gibt. Der Grund ist einfach: Wenn Sie wissen, dass Sie bei jedem Klingeln des Glückstelefons 100 Euro gewonnen haben, werden Sie irgendwann nur noch rangehen, wenn Sie das Geld tatsächlich benötigen. (Oder Sie sind reich genug, dass Sie es gar nicht mehr nötig haben. Und Sie wissen selbst am besten, wie lange das dauern kann.) Gewinnen Sie jedoch nur ab und zu mal etwas, wenn das Glückstelefon klingelt (zum Beispiel immer erst dann, wenn Sie gerade völlig pleite sind), werden Sie ständig darauf warten, dass es nun endlich klingelt. Das Klingeln symbolisiert Ihr Signal für den Hund. Er wird sehr zuverlässig reagieren, wenn er nicht voraussagen kann, ob er jetzt Glück hat oder nicht.

Genauso wichtig ist es aber auch, die Bestärkung nie zu lange wegzulassen. Wenn Sie nun nie wieder beim Klingeln des Glückstelefons 100 Euro gewinnen, werden Sie das Klingeln irgendwann gar nicht mehr wahrnehmen. Es hat keine Bedeutung mehr für Sie. Dasselbe gilt für Ihren Hund. Gibt es nun nie wieder eine Belohnung für gezeigtes Verhalten, wird er es irgendwann nicht mehr zeigen. Es lohnt sich nicht mehr für ihn.

Die Kunst besteht nun darin, so selten zu bestärken, dass es für den Hund unvorhersehbar ist, und so häufig, dass er sein Verhalten auf Signal beibehält. Ob Sie diese Kunst beherrschen, sehen Sie daran, dass Ihr Hund auf Ihr Signal immer noch freudig und erwartungsvoll richtig reagiert.

## 2.2 Strafe

Die Strafe bekommt ihr eigenes (Unter-)Kapitel, denn gerade wenn es um das unerwünschte Jagen geht, ist sie ein heiß diskutiertes Thema. Eine Strafe ist alles, was dazu führt, dass der Hund ein Verhalten seltener oder gar nicht mehr ausführt. Im Grunde ist sie nichts anderes als ein Misserfolg, wie weiter oben beschrieben. Wir lassen hier sämtliche menschlichen Bewertungen, wie „gerechte Strafen", „Schuld", „Gewissen" etc. völlig weg und bleiben bei der reinen Lerntheorie. Hunde haben keine Moral und keine Vorstellung von „richtig" oder „falsch". Vergessen Sie also die ethische Seite. Eine Strafe ist damit nicht nur Prügel oder das Anschreien, sondern kann auch das „nicht schnüffeln dürfen", „ignoriert werden", oder „an die Leine kommen" sein, immer je nachdem, wie der Hund das empfindet. Für Hunde gilt nur, was Erfolg bringt und was keinen Erfolg bringt. Für alle Zweifler unter den Lesern sei gesagt, dass im Zweifel immer für den Angeklagten gestimmt wird. Sollten unsere Hunde also doch eine bisher nicht nachgewiesene Moral haben, dann würden wir im schlimmsten Falle einige unschöne Verhaltensweisen durchgehen lassen. Haben sie jedoch keine Moral und Ethik und wir würden sie nach moralischen Maßstäben maßregeln, könnte das im schlimmsten Fall Misstrauen, Unverständnis und Gegenwehr zur Folge haben. Dies gilt beim Hund vor allem für das Bestrafen von Dingen, die längere Zeit zurück lagen

Eine Strafe sollte also immer nur dazu dienen, dem Hund einen Misserfolg zu bescheren, und nicht, um sich an ihm zu „rächen", abzureagieren oder menschlichen ethischen Grundsätzen Genüge zu tun.
Dementsprechend muss eine Strafe (genauso wie oben beschrieben der Erfolg) punktgenau in dem Moment erfolgen, in dem der Hund das Fehlverhalten zeigt. So kann er es damit in Verbindung bringen und verstehen, welches Verhalten unerwünscht war. Für das Strafen gelten weitere wichtige Regeln, die zutreffen sollten, damit wirklich die gewünschte Verhaltensänderung erzielt werden kann:

*2.2.1   Voraussetzungen für die Wirksamkeit von Strafe*

1.) Die Strafe sollte beim allerersten Versuch erfolgen

Eine Strafe, in welcher Form auch immer, muss (um wirkungsvoll zu sein) beim allerersten Versuch erfolgen. Ist dies nicht der Fall, wird der Hund unterscheiden lernen. Hat sein Verhalten einmal Erfolg gebracht und ein weiteres Mal nicht, wird Ihr Hund lernen zu unterscheiden. Nehmen Sie als Beispiel einen Hund, der einen Apfel vom Tisch stiehlt. Er hat Erfolg damit und wird es ein andermal wieder versuchen. Zufälligerweise sind Sie gerade dabei und sehen es. Natürlich schimpfen Sie ihn kräftig aus. Aber anstatt nun nie wieder etwas vom Tisch zu stehlen, macht ihr Hund dies nur noch, wenn Sie es nicht sehen. Warum? Er hat gelernt zu unterscheiden. Beim ersten Versuch hatte er Erfolg, beim zweiten Versuch nicht. Wo war der Unterschied? Sie waren dabei. Die logische Konsequenz ist, dass er das Verhalten nur noch zeigt, wenn der Erfolg sicher ist (Sie also nicht dabei sind). Dieses Unterscheidungslernen ist nur vermeidbar, wenn der Hund gar keine Chance hat zu vergleichen, also gleich beim ersten Versuch nachhaltig daran gehindert werden kann.

2.) Die Strafe muss nachdrücklich sein

Bleiben wir beim obigen Beispiel. Wenn Sie Ihren Hund nun ein wenig ausgeschimpft haben, dann ist die Wahrscheinlichkeit groß, dass die Angst vor Ihrem Ärger geringer ist als die Hoffnung auf einen leckeren Apfel, der beim nächsten Mal in Schnauzenreichweite liegt. Er wird es also wieder versuchen. Und schon haben wir dasselbe Problem wie bei Punkt 1). Er kann vergleichen und herausfinden, wie man besser an den Apfel kommt, ohne Strafe zu riskieren. Aus diesem Grund muss eine Strafe stark genug sein, dass sie den Hund möglichst für immer davon abhält, das Verhalten wieder zu zeigen. Wie stark die Strafe sein muss, kommt auf den jeweiligen Hund und seine Motivation an, dieses Verhalten auszuführen. Bei dem einen reicht ein herunterfallendes Backblech, das laut scheppert, bei dem anderen Hund helfen selbst Mausefallen und Wassereimer nichts.

3.) Strafe muss jedes Mal erfolgen, wenn der Hund das Fehlverhalten zeigt.

Auch das begründet sich wie in Punkt 1). Wenn der Hund einmal Erfolg hat mit seinem Verhalten und einmal nicht, motiviert ihn das nur, das Verhalten weiter zu zeigen. Stellen Sie sich einen Hund vor, der an der Leine zieht. Mal bleiben Sie stehen, um ihn am Vorwärtskommen zu hindern, und mal lassen Sie sich ziehen. Ihr Hund lernt entweder genau zu unterscheiden, wann er ziehen kann (z.B. wenn Frauchen auf dem Weg zum Bus ist), oder er lernt, dass er sich nur richtig anstrengen muss, um vorwärts zu kommen.

4.) Die Strafe soll anonym erfolgen

Das heißt nichts anderes, als das der Hund nicht erkennen soll, dass Sie es sind, der/die ihn bestraft. Der Grund ist einmal die Begründung zu Punkt 1). Ihr Hund soll nicht lernen, dass er keine Strafe zu erwarten hat, wenn Sie mal nicht dabei sind. Und zum Zweiten sollte er Sie nicht mit Unangenehmem in Verbindung bringen, um das Vertrauen nicht zu verletzen. Im Gegenteil ist es wichtiger, dass Sie ihn richtig trösten, wenn er gestraft wurde. So kann er lernen, im Zweifelsfall bei Ihnen Schutz zu suchen, statt selbst darauf zu reagieren (was durchaus unangemessen sein kann).

5.) Auf das Timing kommt es an

Der wichtigste Punkt bei der Kommunikation mit dem Hund ist der Zeitpunkt, an dem wir eine Konsequenz folgen lassen. Da uns unsere Hunde nicht verstehen (zumindest nicht wörtlich), zeigt ihm die Konsequenz seines Verhaltens, was erwünscht ist und was nicht. Die Konsequenz sollte also dann erfolgen, wenn der Hund gerade vorhat, ein unerwünschtes Verhalten zu zeigen. Dann ist die Chance am höchsten, dass er diese Konsequenz wirklich mit seinem Verhalten verknüpft und es unterbricht. Gerade hier werden die meisten Fehler gemacht. Zu spätes Strafen führt zu keinem Erfolg. Hat der Hund den Apfel also schon längst heruntergeholt und ist dabei, ihn zu fressen, wird eine Strafe ihn davon abhalten, diesen Apfel weiter zu fressen. Er wird aber nicht lernen, dass er ihn nicht hätte vom Tisch stehlen dürfen. Und selbst wenn das Timing perfekt war, kann der Zufall alles zerstören. Vielleicht verknüpft der Hund die Strafe mit dem Müllautogeräusch, dass gerade zu hören ist, oder die Türklingel geht. Oder eine Fliege summt gerade um ihn herum. Es ist alles schon vorgekommen!

Gerade beim Jagen ist das Timing ein sehr großes Problem. Wie wir weiter oben gesehen haben, besteht die Jagd aus vielen kleinen Verhaltensweisen. Wo setzt man nun an? Wenn der Hund am Boden schnuppert? Wenn er das Reh sieht? Oder erst, wenn er losrennt? Oder wenn er direkt am Reh dran ist?

6.) Nicht zu dürfen heißt noch nicht, zu wissen, was erlaubt ist

Einem Hund (wahlweise auch einem Menschen) etwas zu verbieten ist das eine. Leider weiß er damit noch lange nicht, was er stattdessen machen soll. Gerade wenn es um komplexe Verhaltensweisen geht, wie die Reaktion auf Reize, dann reicht ein Verbot nicht aus. Der vorhandene Reiz wird den Hund ständig neu dazu motivieren, sein erlerntes und/oder genetisch fixiertes Verhalten abzuspulen. Die einzige Möglichkeit, dies zu unterbrechen, ist, ihm zu zeigen, welches andere, alternative Verhalten möglich ist.
Sie merken schon, wie schwer und unsicher das Strafen ist. Aus diesem Grund sollten Sie wirklich völlig emotionslos darüber nachdenken, wenn Sie Ihren Hund erziehen. Für einige Verhaltensweisen ist eine (vorher gut durchdachte) Strafanwendung durchaus nötig und sinnvoll. Gerade beim Jagen sind die Risiken unerwünschter Nebenwirkungen und die Gefahr des Misserfolges durch die Anwendung von Strafe jedoch größer, da das Einhalten der oben beschriebenen Regeln oftmals unmöglich ist. Und für das Training von Alltagsdingen darf man ebenfalls nicht vergessen, dass der Hund unser Freund und Partner ist und damit dieselbe Behandlung verdient wie ein solcher.

**Denken Sie immer daran: Einmal falsch belohnt ist besser als einmal falsch bestraft.**

## *2.3 Stromreizgeräte*

Beim unerwünschten Jagen sind vor allem Stromreizgeräte in ständiger hitziger Diskussion. Am Halsband des Hundes befindet sich ein Kästchen mit Batterien, welches mittels einer Fernbedienung Stromstöße an den Hund weitergibt. Dies soll den Hund von der Jagd abbringen bzw. ihm den Misserfolg seines Verhaltens aufzeigen.

Solche Geräte sind mit der allergrößten Vorsicht zu genießen. Lassen Sie uns einmal untersuchen, inwieweit die Benutzung der Geräte den Regeln der Strafe entspricht:

1.) Beim allerersten Versuch

Gewöhnlich tritt störendes Jagdverhalten zum ersten Mal im zweiten Lebenshalbjahr auf. Also dann, wenn der Besitzer gar nicht daran denkt. Plötzlich steht da ein Kaninchen im Weg, und der Hund läuft hinterher. Meistens denkt man über das Thema Jagen leider erst nach, wenn der Hund schon erfolgreich gejagt hat. Idealerweise sollte der Hund spätestens ab sechs Monaten absolut kontrollierbar sein. Das heißt, er sollte das Tragen eines Stromhalsbandes kennen und der Besitzer muss bei jedem Spaziergang auf Versuchungen vorbereitet sein und die Hand am Auslöser haben. Dann hat man die Chance den ersten Versuch zu erwischen.

2.) Strafe muss nachdrücklich sein

Eine Strafe ist nur dann eine Strafe, wenn das Verhalten auch gemindert wird. Der Strom sollte demnach so stark eingestellt sein, dass es dem Hund auch wirklich unangenehm ist. Dabei muss bedacht werden, dass Hunde in Erregung oft andere Empfindungen haben. Sie spüren oftmals Schmerz nicht, den sie im Ruhezustand durchaus unangenehm empfinden. Nicht ohne Grund gehen jagende Hunde direkt durch Dornengebüsche ohne Rücksicht auf Verluste. Testet man die notwendige Stromstärke erst beim ersten Jagdversuch, hat man eventuell Regel Nr. 1 schon gebrochen, wenn der eigene Hund zu denen gehört, denen ein wenig Kribbeln nichts ausmacht. Idealerweise muss das Stromhalsband also entweder gleich auf der höchsten Stufe stehen (Achtung: Tierschutzrelevanz), oder die Wirksamkeit muss vorher in einem ähnlichen Erregungszustand getestet werden.

3.) Strafe muss bei jedem Fehlverhalten auftreten

Der Stromstoß muss ausnahmslos jedes Mal erfolgen, wenn der Hund jagen geht. Je nach Charakter (oder Reizstärke) probieren einige Hunde es doch mehrmals, bevor sie aufgeben. Das Stromhalsband muss also idealerweise immer dabei sein und zwar so lange, bis man sich sicher ist, dass der Hund wirklich nicht mehr hinterher rennen würde. Dieser Punkt ist besonders schwer umzusetzen, da Jagen, wie schon beschrieben, schon mit dem Spuren suchen beginnt. Sie müssen also unterscheiden können, ob Ihr Hund die Markierung des Nachbarhundes beschnüffelt, oder ob er schon eine Wildspur in der Nase hat.

4.) anonyme Strafe

Der Hund soll auf keinen Fall wissen, dass die Strafe von Ihnen ausgeht, sonst ist die Wahrscheinlichkeit groß, dass er lernt, Ihnen erst auszuweichen und dann jagen zu gehen. Wenn Sie Ihren Hund jedoch nicht mehr sehen, können Sie Regel Nr. 5 nicht mehr einhalten. Idealerweise sollte der Hund den Schmerz mit dem Wild verknüpfen. Dann besteht die Chance, dass er diesem ausweicht. Theoretisch sind Stromreizgeräte die besten Mittel, um anonym zu strafen. Nur wird auch hier wieder zu oft die Intelligenz des Hundes vernachlässigt. Hunde bekommen sehr schnell mit, dass das Halsband mit dem Schmerz zusammenhängt.

*Schäferhündin Leila weiß, dass sie mit diesem schweren Ding um ihren Hals, Schmerzen zu befürchten hat. Dementsprechend gedrückt läuft sie auch. Der Kopf hängt, die Rute auch, und mehr als ein langsames Schlurfen ist nicht aus ihr herauszubekommen. Sobald das Halsband jedoch ab ist, geht sie sogar häufiger und länger jagen als zuvor.*

5.) Das Timing

Diese Regel einzuhalten, dürfte am schwierigsten sein. Der Stromstoß muss in dem Moment erfolgen, in dem der Hund das Fehlverhalten gerade ausführen will. Denn nur dann man sicher davon ausgehen, dass all seine Sinne auf das Jagen ausgerichtet sind. Wie erkennen wir diesen Moment? Wie wir oben schon festgestellt haben, ist Jagen eine vielschichtige und komplexe Angelegenheit. Wann also ist der richtige Moment? Wenn der Hund die Nase in der Luft oder am Boden hat und schnuppert? Wenn er losläuft? Wenn er das Wild sieht? Wenn er schon hetzt?

Den richtigen Zeitpunkt zu erwischen gestaltet sich als recht schwierig. Idealerweise sollte es der Moment sein, in dem der Hund das Wild sieht und beginnt zu hetzen. Denn nur dann kann man sicher sein, dass er wirklich das Wild jagen will und nicht vielleicht etwas anders riecht oder einfach aus Lust und Laune rennen möchte. So entstehen sehr schnell falsche Verknüpfungen, wenn beispielsweise gerade ein Mensch am Wegesrand steht, ein Flugzeug vorüber fliegt, oder der Hund gerade über anderen Untergrund läuft. Oft kann man nicht voraussagen, welche Empfindung und Vorstellungen sich im Hundehirn gerade verknüpfen.

*Der Pointer Max hat seit Anwendung des Stromhalsbandes Angst vor fliegenden Insekten. Jedes Mal, wenn ihm eine Fliege oder Biene zu nahe kommt, wird er steif und beginnt zu zittern. Mit der Zeit hat sich dieses Verhalten auch auf andere, sich in der Luft bewegende Dinge, wie Blätter, Schmetterlinge u.ä. übertragen, und Max ist im Sommer und Herbst ein Häufchen Elend.*

### 6.) Alternativverhalten

Es ist immer leichter darüber nachzudenken, was der Hund alles nicht machen soll. In unserem Fall soll er nicht jagen. Das Problem besteht aber darin, dass die Reaktion auf einen Reiz eng gekoppelt ist. Es ist nicht möglich, eine Reaktion für immer auszulöschen, wenn der Reiz immer noch vorhanden ist. Man kann bestenfalls die Reaktion ändern, in andere Verhaltensweisen umlenken. Ein Hund, der nicht jagen darf, muss also lernen, was er stattdessen tun darf. Es reicht also nicht aus, einfach nur aufs Knöpfchen zu drücken.

Die einzigen Vorteile des Stromhalsbandes sind seine Reichweite und die Stärke des Reizes. Bei einigen Geräten stimmt die reelle Reichweite jedoch nicht mit der angegebenen Reichweite überein. Diese kann durch Bäume und andere Hindernisse gestört werden. Bei einigen Geräten erfolgt das Auslösen auch zeitlich versetzt. Wenn Sie also auf das Knöpfchen drücken, kommt die Strafe beim Hund erst 1-2 Sekunden später an. Damit wäre Regel Nr. 5 gebrochen.

Und noch eine Schwierigkeit birgt das Gerät: Es soll ein (genetisch gesehen) lebensnotweniges Verhalten auslöschen. Jagen ist genetisch verankert, um das Überleben der Tiere zu sichern, selbst wenn unsere heutigen Hunde nicht mehr jagen müssen, um zu fressen. Selbst starker Schmerz ist kein ausreichendes und bleibendes Hindernis. Die meisten Hunde, die mit einem solchen Halsband vom Jagen abgehalten werden konnten, versuchen es nach einiger Zeit wieder. Im Durchschnitt versucht es der Hund nach vier bis sechs Monaten erneut. Hat er dann gerade kein Gerät am Halsband, hat er Erfolg mit dem Jagen und wieder gelernt, dass es Wege gibt, an Ihnen vorbei zu kommen. In den meisten Fällen muss also regelmäßig wieder ein Stromstoß daran erinnern, was verboten ist.

Ein ganz schwerwiegender Nachteil, der jedoch weniger im Gerät begründet liegt, ist die menschliche Emotion. Auch wir Menschen unterliegen den Lerngesetzen. Stellt der Hund etwas an, was uns nicht gefällt, bestrafen wir ihn und fühlen uns prompt besser. Wir reagieren unseren Ärger ab. Das hat einen Belohnungseffekt auf uns und führt dazu, dass wir immer häufiger und öfter strafen. Ob das bei Ihnen so ist, erkennen Sie ganz leicht daran, dass Sie Ihren Hund immer wieder ausschimpfen, wenn er jagen war. Dass es nicht hilft, sehen Sie daran, dass der Hund immer wieder jagen geht. Hätte das Schimpfen keinerlei Belohnungseffekt bei Ihnen, hätten Sie schon längst andere Wege gefunden, um dem Jagen beizukommen. Denn wieso sollte man bei einer Verhaltensweise bleiben, die keinen Erfolg bringt?

Es ist anzunehmen, dass Sie, wenn Sie dieses Buch in den Händen halten, Regel 1 und 3 schon nicht mehr befolgen können. Regel 5 sagt ihnen nur, dass Sie jede Menge über das richtige Timing lernen müssen, was Sie dann fehlertoleranter beim Training über Belohnung anwenden sollten. Und Regel Nr. 6 ist genau das, was wir sowieso trainieren werden. Die Anwendung von Strafe kann bei Ihrem Jagdproblem also schon ausgeschlossen werden. Lassen Sie uns also nicht mehr machen als nötig und fangen wir gleich bei Regel Nr. 6 an.

Nicht zuletzt darf man bei Strafen, die in den Bereich Schmerz fallen, nicht das Gesetz vergessen. Folgendes gilt :

Zitat:
„In der Fassung der Bekanntmachung des Tierschutzgesetzes vom 25. Mai 1998, geändert durch Artikel 2 des Gesetzes vom 12. April 2001, ist es nach § 3 Nummer 11 Tierschutzgesetz verboten, ein Gerät zu verwenden, das durch direkte Stromeinwirkung das artgemäße Verhalten eines Tieres, insbesondere seine Bewegung, erheblich einschränkt oder es zur Bewegung zwingt und dem Tier dadurch nicht unerhebliche Schmerzen, Leiden oder Schäden zufügt, soweit dies nicht nach bundes- oder landesrechtlichen Vorschriften zulässig ist.

Neben den sog. Kuh- bzw. Schweinetreibern oder Kuhtrainern zielt dieses Verbot auf die Anwendung von Elektroreizgeräten (wie z.B. Teletaktgeräte) in der Ausbildung von Hunden ab. Das neuste Urteil des Verwaltungsgerichts Gelsenkirchen vom 14. Mai 03 kommt, unter Berücksichtigung der oben genannten Novellierung des Tierschutzgesetzes zu dem Schluß, dass die Anwendung von Elektroreiz- oder Teletaktgeräten generell nicht erlaubt ist. Bestimmte Ausnahmefälle vom Anwendungsverbot, wie sie nach dem Urteil vom 12. Januar 1998, Amtsgericht Jever, aufgrund der alten Fassung des Tierschutzgesetz, noch in bestimmten Einzelfällen möglich waren, sind nach der Novellierung des Tierschutzgesetzes demnach nicht mehr gegeben. Bezogen hat sich das damalige Urteil auf den alten § 3 Nr. 5 Tierschutzgesetz (Ausbildungsverbot für Tiere, sofern dies mit erheblichen Schmerzen, Schäden oder Leiden verbunden ist). Beim Verkauf von verschiedenen Geräten, wie Teletakt-, Anti-fence- und Anti-bell-systemen, welche durch direkten Strom auf den Hund einwirken wird normalerweise leider nicht daraufhingewiesen, dass die Anwendung dieser Geräte bundesweit verboten ist. Die Freiverkäuflichkeit, wie sie im Moment noch besteht, darf den Käufer jedoch über das Anwendungsverbot nicht hinwegtäuschen. Vielmehr stellt die Anwendung eine Ordnungswidrigkeit dar und kann mit einer Geldstrafe bis zu 25 000 Euro geahndet werden." (Quelle: Internetseite des Landes Konstanz im Feb.2005)

Eine Berufung wurde 2004 abgewiesen.

Dr. Dorit Urd Feddersen-Petersen schreibt im Jahr 2000 in ihrem „ethologischen Gutachten zur Verwendung von Elektroreizgeräten bei der Ausbildung von Hunden": „Die erläuterten Fakten ergeben zusammengefasst mit großer Sicherheit, dass der vernünftige Grund fehlt für die nie auszuschließende Zufügung eines „erheblichen Leidens" bei der Hundeausbildung mit Elektroreizgeräten. Deshalb spreche ich mich für das ausnahmslose Verbot dieser Geräte aus. Methoden, die auf Motivationsförderung basieren, setzen sicher mehr Phantasie beim Hundetrainer voraus, aber sie sind weit erfolgreicher und angenehmer für den Hund wie den Besitzer."

Eine Studie von Schilder und van der Borg im Oktober 2003 kommt zu dem Schluss, dass Hunde, die mit Strom ausgebildet werden, grundsätzlich gestresster sind als Hunde, die ohne Strom ausgebildet werden.

Und nicht zuletzt verweist Prof. Dr. Gotthard M. Teutsch in seinem „Ethischen Gutachten zur Verwendung von Elektroreizgeräten bei der Ausbildung von Hunden" im Jahr 2000 auf die ethische Komponente, die den Einsatz von Strom aufwirft. „Die Belastung der betroffenen Tiere, durch die Nicht-Verhaltensgerechtheit der Methode steht außer Frage." „[…] Zu leicht kann aus einem Erziehungsmittel ein Machtmittel […] werden." […] Ein ausreichend vernünftiger Grund, dass in §3, Nr.11 (Verbot des Einsatzes von Strom bei Tieren zur Einschränkung oder zum Zwang. Anmerkung d. Autorin) ausgesprochene Verbot zu lockern, ist aus ethischer Sicht nicht erkennbar."

Bevor man dem Familienhund also irreparable Schäden zufügt (die zwar nicht entstehen müssen, aber mit großer Wahrscheinlichkeit entstehen können), ist es fairer Ihrem Hund gegenüber, ihn in risikoreichen Gebieten an der langen Leine zu führen.
Ein allseits bekannter Satz wird nur zu oft von „eigentlichen" Stromgegnern verwendet. Sie meinen, dass es doch besser sei, den Hund einmal unter Strom zu setzen, damit er dann nichtjagend artgerechter leben kann, als ihn dauerhaft an der kurzen Leine zu halten.

Dem zweiten Teil ist so zuzustimmen. Ein Leben an der kurzen Leine sollte ein Hund nicht führen. Es gibt auch Schleppleinen, Flexileinen, eingezäunte Grundstücke und Auslaufgebiete ohne Wald. (Nicht zuletzt natürlich gibt es das AJT!). Der erste Teil des Satzes ist jedoch schlichtweg falsch. Es reicht gewöhnlich nicht aus, den Hund EINMAL zu „tackern" (wie der Volksmund sagt).

*Husky Gino trägt sein Halsband mit Kästchen jetzt seit vier Jahren, denn sobald er es nicht trägt, ist er auf und weg. Leider viel länger als das vorher je der Fall war. Und die Besitzer von Schäferhundmischlingsdame Lexa waren erfreut, dass sie tatsächlich nach dem ersten Stromstoß nicht mehr jagen ging. Nach einem halben Jahr fing sie wieder damit an. Der nächste Stromstoß hielt nur drei Monate und der dritte war komischerweise schon nach zwei Wochen vergessen(?)...*

Hunde, die wirklich jagen, lassen sich nie endgültig durch den Schmerz vom Jagen abhalten. Die wenigen Hunden, bei denen es bisher scheinbar funktioniert hat, hätte man durch geeignetere Maßnahmen vom Jagen abbringen können.

Da die Anwendung von Stromreizgeräten nun jedoch auch gerichtlich verboten ist, wäre die Diskussion darüber müßig. Da der Verkauf und Besitz dieser Geräte jedoch nicht verboten ist, werden dennoch viele Hundebesitzer über den Einsatz nachdenken. Aus diesem Grund ist die Diskussion darüber immer noch und immer wieder wichtig.

*"Die Größe und den moralischen Fortschritt einer Nation kann man daran messen, wie sie die Tiere behandelt."*

*(Mahatma Gandhi)*

Das AJT (= Antijagdtraining) besteht aus verschiedenen Komponenten. Es reicht (bei den meisten Hunden) nicht aus, wenn Sie sich ein oder zwei Übungen heraussuchen. Das Antijagdtraining ist ein Komplex aus verschiedenen Maßnahmen. Vieles bedingt sich gegenseitig und hilft damit, das Problem unter Kontrolle zu bekommen.

Zunächst müssen Sie Ihr Verhalten Ihrem Hund gegenüber prüfen und eventuell verändern. Sei es, dass Sie Zielgerichteter spazieren gehen, Ihrem Hund mehr Beschäftigung bieten oder ihm beibringen, sich stärker an Ihnen zu orientieren. Zum Zweiten sollten Sie Ihrem Hund bestimmte Signale beibringen, mit denen Sie ihn führen und kontrollieren können. Und zum Dritten muss Ihr Hund während des Trainings abgesichert sein, damit ein Jagderlebnis Sie nicht im Training zurückwirft. Um Erfolg zu haben, sollten Sie die Übungen konsequent trainieren und immer mal wieder auffrischen.

Zum erfolgreichen Training gehört natürlich auch, dass das Verhältnis zu Ihrem Hund stimmt. Sie sollten ein Team sein, dass jede Menge Spaß zusammen hat, in dem jeder den nötigen Respekt vor dem anderen hat und dem anderen vertrauen kann. Jagen ist im Grunde ein sehr soziales Verhalten, denn nur zusammen kann man die Beute erlegen. Zeigen Sie Ihrem Hund also, dass es sehr viel angenehmer ist, mit Ihnen zusammen zu „jagen", als allein. Hat er das verstanden, haben Sie die Kontrolle über das Jagdgeschehen und können es nach Ihren Wünschen lenken.

Bedenken Sie, dass Sie jeder neuen Methode wenigstens sechs Wochen konsequentes Üben zugestehen sollten, um zu wissen, ob sie damit Erfolg haben. Sie und Ihr Hund brauchen diese Zeit, um sich mit der Vorgehensweise vertraut zu machen, einzuarbeiten und dem Lernen Raum zu geben. Geben Sie also nicht vorschnell auf!.

Denken Sie ebenso daran, dass man mit einem Hund, der gerne jagt, niemals spazieren gehen kann, ohne auf den Hund und sein Umfeld zu achten. Vorausschauendes Laufen und Beschäftigung mit dem Hund sind Voraussetzung dafür, dass er nicht wieder in sein solitäres Jagdverhalten zurückfällt.

Schauen Sie nicht neidisch nach rechts und links auf Hundehalter, deren Hunde gelangweilt nebenher trotten, während Frauchen ein Buch liest. Hunde sind Individuen und das, was Ihr Hund kann, kann der andere nicht. Ihr Hund ist Ihr Partner und mit ihm haben Sie Ihre ganz eigenen Erlebnisse und Erfolge. Konzentrieren Sie sich darauf, statt dem hinterher zu trauern, was Sie nicht haben können.

Wie lange ein Antijagdtraining individuell bei Ihnen dauert, ist nicht zu sagen. Dafür sind die Charaktere, die mit diesem Buch angesprochen werden zu unterschiedlich. Die Jagdausprägung des Hundes du seine Motivierbarkeit spielen eine Rolle, vor allem aber der Lernwille des Besitzers und seine Fähigkeit die Übungen umzusetzen. Grundsätzlich können Sie davon ausgehen, dass Sie bei einer der beschriebenen Übungen innerhalb von einer Woche einen Erfolg sehen können, wenn Sie konsequent und mit richtigem Timing und Belohnung gearbeitet haben. Wie lange Ihr Hunde eine Schleppleine tragen muss, hängt von Ihren Umständen, Ihrem kontinuierlichem Training und natürlich wiederum vom Hund ab. Eine pauschale Angabe ist unmöglich. Für das Training ist es auch nicht nützlich, wenn Sie immer wieder die Tage zählen, die Ihnen scheinbar bis zum Erfolg vorgegeben werden. Sie werden nur vorschnell enttäuscht, wenn Sie nicht in ein Schema passen und setzen sich und Ihren Hund unnötig unter Druck. Beginnen Sie Ihr Training und beobachten Sie sich und Ihren Hund. Fühlen Sie sich wohl, sehen Sie kleine Fortschritte, dann arbeiten Sie weiter. Wenn nicht, versuchen Sie es anders oder mit Hilfe. Niemand lässt sich in eine Schublade stecken und das Jagen ist zu komplex und von zu vielen Faktoren abhängig, als dass man feste Vorgaben für alle machen könnte

Denken Sie daran: Je mehr Probleme es zu lösen gilt, desto mehr Lebenserfahrungen sammelt man! Oder wie eine bekannte Hundetrainerin zu sagen pflegt: „Jeder bekommt, den Hund, den er **braucht** (um zu lernen)!"

Wir wünschen Ihnen Durchhaltevermögen, Erfolg für Ihre Mühen und vor allem auch viel Spaß beim gemeinsamen Lernen!

# II Schleppleinentraining

Die Schleppleine ist eine lange und leichte Leine, die in bestimmten Phasen des Trainings am Geschirr des Hundes befestigt wird. In unserem Rahmen ist das Schleppleinentraining als Hinderung am Hetzen von Wild gedacht. Wie das Training mit der Schleppleine genau funktioniert, wird im folgenden Kapitel im Detail erörtert. Dazu gehören die Beschaffenheit der Schleppleine, die Durchführung des Schleppleinentrainings inklusive des Aufbaus der Spezialübungen „langsamer" und „raus da", sowie ein kleiner Exkurs für den Fall, dass ihr Hund aus ihrem Einwirkungsbereich entschwindet.

Die Schleppleine wird Sie durch Ihr gesamtes Trainingsprogramm begleiten. Sie ist sozusagen die Basis des AJT. Alle Übungen und Signale, die später im Buch beschrieben sind, werden zuerst an der Schleppleine trainiert und aufgebaut.

## 1. Die Beschaffenheit der Schleppleine

Die Länge der Schleppleine definiert für das Training den Radius, den Ihr Hund auf Ihren Spaziergängen einhalten soll. Wählen Sie die Länge Ihrer Schleppleine nach dem Gewicht Ihres Hundes und Ihrer eigenen Standfestigkeit. Für einen Hund von 30 Kilogramm bietet sich eine Leinenlänge von zehn bis fünfzehn Metern an. Wenn Ihr Hund beispielsweise ein Neufundländermischling ist, dann nehmen Sie nur eine fünf Meter lange Leine. Haben Sie hingegen einen Dackel, dann kann Ihre Schleppleine gerne auch 20 Meter lang sein, ohne dass Sie Probleme haben werden, Ihren Hund zu halten.

Als Material hat sich in der Praxis Nylon bewährt. Es ist in der Regel Wasser abweisend, leicht und lässt sich dadurch mühelos vom Hund hinterher schleifen. Der Durchmesser der Leine ist vom Gewicht Ihres Hundes abhängig. Grundsätzlich gilt: je größer der Durchmesser, desto geringer ist die Gefahr von Verbrennungen an der Hand, wenn der Hund losstürmt. Hinzu kommt die steigende Reißfestigkeit. Eine Schleppleine mit großem Durchmesser bedeutet gleichzeitig mehr Gewicht, das der Hund hinter sich her schleppt. Manche Hunde fühlen sich dadurch beim

Laufen irritiert. Andere Hunde lernen noch deutlicher zu unterscheiden, wann sie die Schleppleine tragen und wann nicht.

Fertige Schleppleinen gibt es in den meisten Tierzubehörläden. Eine günstigere und eventuell auch haltbarere Alternative ist, Meterware in einem Baumarkt oder Trecking- und Bergsteigergeschäft zu kaufen. Die Nylonseile gibt es in diversen Durchmessern, passend zu jedem Hund. Der passende Karabiner ist ebenfalls in dem Geschäft erhältlich. Lassen Sie sich von einem Verkäufer beraten, für wie viel Kilogramm der Karabiner und der Durchmesser des Nylonseils geeignet ist.

Schleppleinen aus Leder sind für die Hände etwas angenehmer. Sie bergen den Nachteil, regelmäßig gepflegt werden zu müssen, damit das Leder nicht brüchig wird. Außerdem saugen sie Wasser auf und sind allgemein vom Material her schwerer für den Hund. Sollten Sie sich trotzdem für eine Schleppleine aus Leder entscheiden, erhalten Sie eine solche in manchen Tierzubehörläden oder in einem Spezialgeschäft für Leder.

Ein Knoten am Ende der Schleppleine erleichtert das Festhalten der Leine bzw. verringert das Risiko, dass die Leine unter Ihrem Schuh wegflutscht, wenn sie sich spannt. Unschöner Nebeneffekt ist, dass Ihr Hund leichter an einer Wurzel oder ähnlichem hängen bleiben kann. Neben der Schleppleine benötigen Sie ein gut sitzendes Brustgeschirr. Es kann immer eine Situation geben, in denen der Hund mit voller Wucht in die Schleppleine rennt; sei es, weil Sie ihn am Lospurten hindern oder weil die Schleppleine an einem Ast hängen geblieben ist. Ist die Schleppleine am Halsband befestigt, kann es bei einem Ruck zu Verletzungen im Halsbereich kommen. Von den gesundheitlichen Aspekten abgesehen, verheddert sich eine am Halsband befestigte Schleppleine erfahrungsgemäß schneller um die Beine des Hundes als wenn sie am Brustgeschirr befestigt ist. Denn bei einer Befestigung am Halsband schleift die Schleppleine meistens unterm Bauch statt wie beim Brustgeschirr auf dem Rücken.

Ein Ruckdämpfer ist nach Bedarf eine gute Ergänzung für Ihr Equipment. Der Ruckdämpfer wird zwischen Brustgeschirr und Schleppleine befestigt. Diese Zwischenstücke mildern etwas den Ruck beim Reinrennen in die Schleppleine. Zur Auswahl stehen ein Zwischenstück aus elastischem Material oder eine Spirale aus Stahl. Entsprechende Bezugsquellen finden Sie im Anhang.

Ein weiteres wichtiges Utensil für Ihr Schleppleinentraining sind Handschuhe. Sie können vor Verbrennungen an den Händen schützen, wenn Ihnen die Leine durch die Hand gleitet (z.B. beim Losspurten Ihres Hundes). In den kalten Jahreszeiten bieten sich diverse Handschuhe an. In den warmen Jahreszeiten lohnt es sich, Handschuhe für Radsportler anzuschaffen. Diese Handschuhe sind relativ dünn und sparen die Finger aus.

## 2. Arbeiten mit der Schleppleine

Grundsätzlich dient die Schleppleine dazu, dem Hund beizubringen einen gewissen Radius um Sie herum einzuhalten. Der Radius wird durch die Leinenlänge bestimmt. Kurz vor Leinenende wird der Hund durch eine Übung gestoppt. Sollte zwischendurch eine ablenkende Wildspur oder das Wild höchstpersönlich Ihren Weg kreuzen, können Sie Ihren Hund daran hindern, hinter dem Wild herzuhetzen. Das geschieht, indem Sie einen Fuß auf die Leine stellen und das Ende der Schleppleine festhalten. Nur die Leine festzuhalten, kann je nach Gewichtsverhältnis zwischen Ihnen und Ihrem Hund, ziemlich schmerzhaft für Ihre Schultergelenke sein. Nur den Fuß auf die Schleppleine zu stellen, kann entweder zum Fall führen, weil Ihnen Ihr Hund im wahrsten Sinne des Wortes den Boden unter den Füßen wegreißt oder die Leine flutscht Ihnen unter den Füßen weg.

Das Schleppleinentraining gliedert sich in drei Trainingsschritte:

1. Training mit Schleppleine in der Hand
2. Training mit schleifender Schleppleine
3. Training mit Wäscheleine/gekürzte Schleppleine

Bedenken Sie bitte beim Training mit der Schleppleine, dass diese ausschließlich dazu dient, den Hund daran zu hindern, wegzulaufen bzw. sich selbst zu belohnen. Alles, was Sie an der Leine mit Ihrem Hund üben, sollten Sie so üben, als wäre gar keine Leine da. Es nutzt nichts, wenn Sie Ihren Hund nach dem Signal „Komm" an der Leine zu sich heranziehen. Er wird dann nur lernen, dass Sie mit Leine Einfluss auf ihn ausüben können. Alle Reaktionen auf Ihre Signale müssen unbedingt freiwillig von Ihrem Hund ausgeführt werden, wenn Sie zu dem Punkt kommen wollen, ohne Leine zu arbeiten. Mit der Leine haben Sie ein sicheres Mittel, Ihren Willen durchzusetzen, indem Sie einfach abwarten. Jedes freiwillige erwünschte Verhalten wird belohnt, jedes unerwünschte Verhalten kann an der Leine gefahrlos ignoriert werden. Es ist ein eindeutiger Trainingsfehler, wenn der Hund mit Leine sehr gut reagiert, ohne Leine aber überhaupt nicht. Bauen Sie in diesem Fall das Training noch einmal sorgfältig mit einer sehr leichten Leine (z.B. einer Wäscheleine) neu auf.

Schritt 1:

Machen Sie sich auf den Weg zu einem Spaziergehgebiet, in dem Sie in Ruhe üben können, ohne durch andere Menschen und Hunde wesentlich abgelenkt zu werden. Das Gebiet sollte möglichst wenig frequentiert von Wild(spuren) sein. Auf Ihrer Generalisierungsskala sollte es weit oben stehen, also wenig Ablenkung bieten.

Rüsten Sie sich mit einer Bauchtasche gefüllt mit Klicker, Leckerchen, ggf. Spielzeug, und Handschuhen aus. Legen Sie Ihrem Hund das Brustgeschirr an und nehmen Sie sowohl Ihre normale Leine als auch die Schleppleine mit. Wenn Sie das ausgewählte Spaziergehgebiet erreicht haben, befestigen Sie die eingerollte Schleppleine am Brustgeschirr Ihres Hundes (evtl. Ruckdämpfer dazwischen schnallen). Hängen Sie sich die normale Leine um, damit Sie beide Hände frei haben. Lassen Sie die Schleppleine nicht einfach fallen bzw. halten Sie nicht nur das Ende fest, sondern wickeln Sie die Schleppleine nach und nach ab, so dass Ihr Hund nicht mit voller Wucht in die Schleppleine rennen kann. Auch zwischendurch sollten Sie die Schleppleine wieder aufnehmen, um zu verhindern, dass Ihr Hund mit Anlauf in die Leine rennen kann.

Es gibt zwei Techniken, um die Schleppleine gut zu halten:

Im Laufen bietet es sich an, die Schleppleine nicht nur in der Hand zu halten, sondern die Leine um den Ellbogen herum laufen zu lassen. Wenn Sie stehen, dann halten Sie das Ende der Schleppleine fest und stellen Sie einen Fuß zusätzlich auf die Schleppleine. Wenn Sie zwei Füße auf die Schleppleine stellen, verlieren Sie schneller den Halt, wenn Ihr Hund an der Leine zerrt. Am besten testen Sie mal aus, wie Sie die Schleppleine am sichersten halten können, während jemand anderes Hund spielt und an der Leine zieht.

Während des Spazierengehens an der Schleppleine beschäftigen Sie Ihren Hund immer mal wieder mit so genannten passiven oder aktiven Übungen. Unter passiven Übungen versteht man Übungen, in denen der Hund eine passive Rolle einnimmt. Das kann beispielsweise das Sitz, das Platz, das Steh oder das Bleib sein. Zu aktiven Übungen zählen Übungen, in denen der Hund in Bewegung bleibt. Dazu gehört das Zurückblicken, das Zurückkommen, bei Fuß gehen oder das langsamer Laufen. Sie können zwischen aktiven und passiven Übungen zum Stoppen vor dem Leinenende variieren. Manchem Hund liegen die passiven Übungen mehr, anderen die aktiven Übungen. Beginnen Sie mit den Übungen, die Ihrem Hund mehr liegen, um Frust zu vermeiden und den Spaß am Erfolg für beide Seiten zu erhöhen. Fast alle Übungen werden im Verlauf des Buches beschrieben.

*In einer der „jagende Hunde" - Gruppen gab es einen jungen English Setter Rüden. Er zeichnete sich durch seinen enormen Bewegungsdrang aus. Wenn dieser Hund an der Schleppleine lief, war es für ihn einfacher, im Kreis um Frauchen herum zu rennen bzw. zu Frauchen zurück zu kommen, statt am Ende der Leine stehen zu bleiben bis Frauchen aufgeschlossen hat. An derselben Gruppe nahm ein etwas älterer Husky Rüde teil, der eher ein energiesparendes Wesen hatte. Dieser Hund schaffte es leichter, am Ende der Leine auf sein Frauchen zu warten, statt zu ihr zurück zu kommen.*

Sie erleichtern sich und Ihrem Hund das Schleppleinentraining, wenn Sie seine Neigungen berücksichtigen und das mit ihm üben, was für ihn leichter auszuführen ist.
Die ersten Spaziergänge mit der Schleppleine sind in der Regel sowohl für Sie als auch für Ihren Hund ungewohnt. Das Stoppen am Ende der Schleppleine kann sich vorerst anstrengend gestalten. Ihr Hund kann noch nicht einschätzen, warum er ständig eine Übung wiederholen muss, statt sich wie sonst voll auf die Wildspuren zu konzentrieren oder nach Wild Ausschau zu halten. Möglicherweise ist Ihr Hund zu abgelenkt, um auf jeden Rückruf oder auf jedes „Steh!" zu reagieren. Er weiß auch noch nicht, wie lang die Schleppleine ist und dass er genau nach dieser Länge durch eine Übung gestoppt wird. Sobald Ihr Hund das Einhalten des Radius gelernt hat, ist das Training entspannter. Versprochen!

Folgendermaßen „erklären" Sie ihm das Ende der Schleppleine:
Machen Sie sich ca. drei Meter vor Leinenende (an Ihrem Ende!) einen kleinen Knoten in die Leine. Sobald dieser Knoten durch ihre Hände läuft, geben Sie das Signal „Ende!" und halten die Leine fest. Da Ihr

Hund dieses Wort anfangs nicht kennt, wird er weiterlaufen und am Leinenende gestoppt. Warten Sie nun ab, bis er die Leine von selbst lockert, indem er etwas zurückkommt, sich setzt oder bis er Sie anschaut. Bestärken Sie dies, indem Sie ihn loben und weitergehen. Nutzen Sie hier die erwartete Bestärkung (das Weitergehen) aus, statt Futter zu geben. Clevere Hunde bauen sonst sehr schnell wieder eine Verhaltenskette und laufen bis zum Leinenende, um Futter zu bekommen. Nach mehreren Versuchen sollte Ihr Hund nach dem Signal „Ende" deutlich langsamer werden oder sogar stoppen, so dass Sie Ihren Spaziergang an lockerer Leine ohne stehen bleiben zu müssen fortsetzen können.

Die fortgeschrittenere Variante dieses Trainings ist ein Hund, der kurz vor Leinenende Kontakt zu Ihnen aufnimmt. Dadurch haben Sie die Möglichkeit, ein Signal zu geben, z.B. den Hund sitzen zu lassen, wenn Spaziergänger kommen. Sie trainieren sich einen rücksichtsvollen Hund, der zwar schneller läuft als Sie, aber auf Sie wartet, wenn Sie zu weit weg sind. Um das zu üben, warten Sie nun nach Ihrem Signal "Ende!" ab, bis der Hund sich zu Ihnen umdreht. Klicken Sie den Blickkontakt zu Ihnen und werfen Sie ihm eine Bestärkung möglichst so zu, dass er nicht zu Ihnen zurückkommen muss. Wiederholen Sie dies jedes Mal, wenn Sie entweder das Ende-Signal geben mussten oder der Hund schon von allein vor Leinenende gestoppt hat. Reagiert er gar nicht, dann helfen Sie ihm, indem Sie entweder seinen Namen rufen oder das Signal für Blickkontakt geben (wenn Sie es schon geübt haben). Bleiben Sie ansonsten einfach stehen und warten. Es kann sein, dass Ihr Hund frustriert reagieren wird. Vielleicht rennt er wie ein Pferd an der Longe um Sie herum, setzt sich einfach hin oder steht mit angespannter Leine, Blick in die Ferne gerichtet und witternder Nase da. Beobachten Sie seinen Hinterkopf. Wenn Sie den Eindruck haben, dass er Ihnen etwas Aufmerksamkeit schenkt, dann sagen Sie erneut seinen Namen und belohnen seine Reaktion mit Klick und Leckerchen, Spielzeug oder Weitergehen. Mögliche Anzeichen der Aufmerksamkeit kann ein leichtes Wenden des Kopfes in Ihre Richtung sein oder ein nach hinten Zucken der Ohren.

Ob Ihr Training Früchte trägt, merken Sie, wenn Ihr Hund sich nach dem Stoppen bzw. nach dem Ende-Signal selbständig zu Ihnen umdreht.

Nun können Sie auch variabel eine Übung abfordern, wie z.B. das Herankommen, Hinsetzen etc. Setzen Sie Ihren Spaziergang in dieser Form fort. Sie werden merken, dass Ihr Hund ein Gefühl dafür bekommt, wann er das Leinenende erreicht hat. Das verringert die Gefahr, dass Ihr Hund mit voller Wucht in die Leine rennt. Seien Sie trotzdem immer aufmerksam und bestärken Sie ihn, wenn er von sich aus kurz vor Ende der Leine langsamer wird oder zu Ihnen schaut.

Denken Sie immer daran, die Schleppleine aufzunehmen, wenn der Hund zu Ihnen kommt und sie langsam wieder abzuwickeln, wenn er geht. Er sollte nie Gelegenheit bekommen, in die voll ausgelegte Schleppleine zu rennen, um mögliche Verletzungen bei Ihnen und Ihrem Hund zu vermeiden.

Halten Sie durch! Das erste Zwischenziel ist erreicht, wenn Ihr Hund von sich aus kurz vor Ende der Schleppleine stoppt. Dies kann sich so äußern, dass Ihr Hund beiläufig am Wegesrand schnuppert. Oder er bleibt einfach stehen. Oder er dreht kurz vorher ab und läuft einen Kreis um Sie herum. Oder er guckt sich nach Ihnen um. Egal wie Ihr Hund das Ende der Leine anzeigt, belohnen Sie es. Hier zeigen sich wieder ganz klar die Vorteile des Klickers. Sie haben damit die Möglichkeit, das gewünschte Verhalten auch aus der Entfernung zeitgenau zu kennzeichnen. Dreht Ihr Hund sich z.B. zu Ihnen um, dann klicken Sie genau in dem Moment. Er wird sich höchstwahrscheinlich die Belohnung nach dem Klick abholen. Wenn er die Belohnung nicht abholt, heißt das nicht, dass er den Klick nicht wahrgenommen hat. Einigen Hunden genügt es als Belohnung, die Luft weiter auf Düfte hin zu untersuchen oder einfach weiter zu gehen.

Je mehr Ihr Hund von sich aus kurz vor Schleppleinenende stoppt, desto näher kommen Sie dem nächsten Übungsschritt. Vergessen Sie nicht, zwischendurch das Spaziergehgebiet zu wechseln, um ortsgebundenes Lernen zu vermeiden! Damit ist gemeint, dass Ihr Hund nicht nur in Ihrem üblichen Spaziergehgebiet den Radius der Schleppleine einhält, sondern auch in anderen Gebieten. Denken Sie an Ihre Generalisierungsskala. Führen Sie das Schleppleinentraining auch am Ort der größten Ablenkung durch.

Schritt 2:
Ihr Hund reagiert zuverlässig auf alle Signale, wenn Sie die Schleppleine in der Hand halten? Er hält den Radius immer mehr ohne Ihr Signal ein, egal in welchem Spaziergehgebiet Sie sind? Zweimal mit Ja geantwortet? Dann gehen Sie zum nächsten Übungsschritt über und lassen Sie die Schleppleine einfach mal schleifen. Falls Ihr Hund seinen Radius nicht von selbst einhält, stoppen Sie ihn wie zuvor beschrieben mit einem Signal. Achten Sie besonders anfangs darauf, dass das Schleppleinende so in Ihrer Nähe schleift, das Sie notfalls einen Fuß auf die Leine stellen können. Wenn Sie merken, dass das Einhalten des Radius sich verschlechtert, Sie Ihren Hund also ständig wieder daran erinnern müssen, gehen Sie zum vorherigen Übungsschritt zurück. Das Fuß auf die Leine stellen sollte nicht zur Gewohnheit werden und ist auch nicht möglich, wenn der Hund wirklich lossausen sollte. In solch einem Fall waren Sie noch nicht bereit für Schritt 2. Üben Sie sämtliche (im weiteren Verlauf des Buches beschriebenen) Übungen nun auch mit schleifender Schleppleine und ebenfalls in unterschiedlichen Gebieten Ihrer Generalisierungsskala.

Erst wenn Sie entspannt weiter gehen können, obwohl das Ende der Schleppleine einige Meter entfernt von Ihnen schleift, sind Sie bereit für den letzten Schritt des Schleppleinentrainings.

Schritt 3:
Sie gehen selbstbewusst spazieren, weil Ihr Hund trotz schleifender Schleppleine auf Ihr Signal zuverlässig reagiert? Schön, dann auf zum nächsten Schritt. Tauschen Sie die Schleppleine durch eine mindestens 15 Meter lange Wäscheleine aus. Vergessen Sie nicht, Knoten in die Leine zu machen, damit Sie diese im Zweifelsfall besser halten oder darauf treten können. Manche Hunde haben sich an das zu ziehende Gewicht der Schleppleine gewöhnt. Die wesentlich leichtere Wäscheleine kann einen Übergang vom Schleppleinen-Spaziergang zum leinenlosen Spaziergang bilden. Trainieren Sie mit der Wäscheleine genauso wie mit der Schleppleine. Lassen Sie sie schleifen und treten Sie nur darauf, wenn der Hund sich aus Ihrem Einwirkungsbereich entfernt. Bitte bedenken Sie dabei immer die Kräfteverhältnisse zwischen Ihnen und Ihrem Hund, so dass Ihr Hund Sie nicht zu Fall bringen kann. Stürmt er unkontrolliert los, haben Sie kaum eine Chance den Fuß auf

die Leine zu setzen und sollten es auch tunlichst unterlassen. Sie wissen dann aber, dass Sie im Training zu schnell vorangeschritten sind. Der häufigste Fehler besteht darin, die Übungen nicht in ablenkungsreichen Gebieten sauber aufgebaut zu haben. Lassen Sie sich aber auch nicht durch einen Rückfall verunsichern. Einmal ist keinmal! Zweimal ist jedoch schon Gewohnheit!

Nach wie vor belohnen Sie jede freiwillige Rückorientierung zu Ihnen. Reaktionen Ihres Hundes auf das Signal belohnen Sie nur noch variabel. Das bedeutet, dass Sie nur noch die besten Reaktionen auf ein Signal belohnen. Ein Sitz ohne besondere Ablenkung oder ein Zurückkommen sollte inzwischen gut funktionieren.

Alternativ zur Wäscheleine können Sie die Schleppleine auch nach und nach kürzen. Das bedeutet, dass Sie nach jeder Woche einen Meter der Schleppleine abschneiden. Ihr Hund gewöhnt sich so nach und nach an das schwindende Gewicht im Bewusstsein, immer noch kontrollierbar zu sein und an der Selbstbelohnung gehindert werden zu können. Es geht nicht darum, den Hund auszutricksen und ihn denken zu lassen, er wäre noch an der Leine. Die wenigsten Hunde sind tatsächlich so dumm. Es dient vielmehr dazu, Ihre mögliche Einwirkung langsam abzubauen. Mit jedem schwindenden Meter Leine setzen Sie ein Stück mehr Vertrauen in Ihre Arbeit mit dem Hund. Das kann nicht von Null auf Hundert gehen, sondern nur schrittweise und so, dass Sie entsprechend Ihrem Vertrauen noch Einflussmöglichkeit haben durch das längere Stück Leine.

Beginnen Sie mit kurzen Phasen von etwa zehn Minuten, in denen Ihr Hund ganz ohne Leine läuft. Nehmen Sie ihn dann wieder für etwa fünfzehn Minuten an die Wäscheleine. Probieren Sie erneut zehn Minuten im Freilauf. Die Phasen zwischen Freilauf und an der Wäscheleine gehen sollten sich abwechseln. Gerade in den ersten 30 Minuten verfügen die meisten Hunde über mehr Selbstkontrolle. Eine mögliche Erklärung ist, dass der Adrenalinpegel durch die Wahrnehmung der Wildspuren steigt. Je mehr Wildspuren der Hund findet, desto höher steigt sein Adrenalinpegel und desto schwieriger fällt es ihm, sich zu beherrschen und sich auf Sie zu konzentrieren. Ihr Hund sollte also nur Freilauf haben, solange er gut ansprechbar ist. Die Dauer, die Ihr Hund freiläuft, kann nach und nach erhöht werden.

Wenn Sie bei Ihrer praktischen Arbeit mit dem Hund bei diesem Schritt des Schleppleinentrainings angekommen sind, sollten bereits die meisten Übungen sitzen, die im Verlauf dieses Buches folgen. Übungen, wie das Umkehrsignal, der Superschlachtruf, Beschäftigung auf den Spaziergängen, Ersatzjagden usw. sollen mit dem Schleppleinentraining parallel laufen. Geschieht dies erfolgreich, ist der Schritt, ganz ohne Leine spazieren zu gehen, erreicht.

## 3. Wenn der Hund „verloren" geht

Sollte Ihr Hund tatsächlich weggelaufen sein, dann gibt der folgende Abschnitt Tipps, wie Sie sich sinnvoll verhalten können. Wenn Ihr Hund Ihnen mit schleifender Schleppleine öfter „verloren" geht, dann haben Sie zu schnell zum höheren Trainingsschritt gewechselt. Gehen Sie also einen Trainingsschritt zurück und halten Sie das Ende der Schleppleine wieder in der Hand.

Wenn Ihr Hund während des Trainings - aus welchem Grund auch immer - einmal jagen geht, dann versuchen Sie ihn maximal einmal zu rufen. Wenn Sie in so einem Moment mehrmals rufen und der Hund geht trotzdem hetzen, dann lernt Ihr Hund blitzschnell, dass Sie doch nicht über alle Ressourcen bestimmen können. Es kann auch passieren, dass Ihr Hund in dem Moment, in dem Sie rufen z.B. ein Kaninchen jagt. Fehlverknüpfungen sind dadurch vorprogrammiert.

*Der Große Münsterländer Trix durfte bis zum Alter von 10 Jahren in seinem alten Zuhause nicht ohne Leine laufen. Dementsprechend kannte er kein Signal zum Kommen Das wurde schnell nachgeholt. Nach ca. drei Wochen rannte er ohne ersichtlichen Grund in eine hoch gewachsene Wiese. Er wurde gerufen. In dem Moment hoppelte ein Kaninchen vor ihm her. Ab da bedeutete das „Komm-Signal" für ihn „Kaninchen suchen" – aber zum Glück nur auf dieser Wiese. Beim nächsten Mal war an Trix`s Brustgeschirr rechtzeitig eine Schleppleine befestigt, die in der Hand gehalten wurde. Als es wieder über diese Wiese ging, wurde er gerufen, worauf er sofort begann, das Kaninchen zu suchen. Die Schleppleine hinderte ihn jedoch daran. Beim nächsten Rufen kam er ein Stück zurück und wurde dafür fürstlich belohnt. Es bedurfte einiger Übungseinheiten mit Schleppleine, um den Fehler, im falschen Moment gerufen zu haben, aufzuarbeiten.*

Es kann sein, dass ein Hund das ständige Rufen als Standortbestimmung nutzt. Im ersten Moment klingt das gut, aber nur, wenn Ihr Hund dann auch tatsächlich zurückkommt. Er fühlt sich dadurch eher sicherer. Er muss nicht nach Ihnen schauen, weil er ja im regelmäßigen Abstand hört, wo Sie sind. Das kann den Ausflug Ihres Hundes durchaus verlängern. Erfahrungsgemäß verfügt nicht jeder Hund über einen guten Orientierungssinn. Gerade Hunden aus zweiter Hand, die Zeit ihres Lebens an einer Flexileine verbracht haben, fällt es schwerer, Frauchen und Herrchen wieder zu finden. Es ist in solchen Fällen sinnvoll, zwischendurch auf den Hund zu warten bzw. den Weg nicht zu wechseln, während Ihr Hund weg ist. Manche Hunde, die Meister in der Nasenarbeit sind, wie manche Rettungshunde, brechen sogar in Panik aus, wenn sie merken, dass Frauchen oder Herrchen nicht mehr da sind. Bei diesen Hunden kann das Rufen in regelmäßigen Zeitabständen während ihrer Abwesenheit sinnvoll sein.

Wenn Sie die im Verlauf des Buches beschriebenen Versteckübungen (siehe Kapitel III.1.3) noch nicht mit Ihrem Hund gemacht haben, dann bleiben Sie am besten dort stehen, wo Ihr Hund weggerannt ist. Denn dort wird der Hund zuerst nach Ihnen suchen, wenn er wieder voll zurechnungsfähig ist. Wenn es Ihnen nicht möglich ist, dort zu warten, lassen Sie wenigstens eine Jacke oder Tasche von Ihnen dort.

Andere Hunde warten am Auto bzw. an bekannten Orten, wie vor der eigenen Wohnungstür, der Wohnungstür von engen Freunden, vom Arbeitsplatz usw.

Das Belohnen für das Zurückkommen muss sehr differenziert betrachtet werden. Gerade Hunde, die aufgrund von Unterbeschäftigung jagen oder ursprünglich gejagt haben, neigen dazu, eine nicht erwünschte Verhaltenskette zu bilden. Diese Hunde verknüpfen: „Ich war Jagen, ich komme zurück, ich werde belohnt. Um belohnt zu werden muss ich erst Jagen gehen und dann Zurückkommen." Solche Hunde bilden in der Regel in sämtlichen Lebensbereichen entsprechende Verhaltensketten. Gehört Ihr Hund dazu und hat eventuell eine solche Verhaltenskette geknüpft, dann können Sie diese Kette lösen, indem Sie Ihren Hund nicht mehr für das Zurückkommen belohnen.

*Mischlingshündin Piccola gehört zu den Kandidaten, die schnell Verhaltensketten bilden. Wenn sie hinter irgendwas her gerannt ist, dann wurde sie regelmäßig mit dem Superschlachtruf (siehe Kapitel IV.1) zurückgerufen. Für das Zurückkommen wurde sie groß gefeiert und belohnt. Sehr schnell begann sie, einfach so loszujagen und teils imaginäre Kaninchen zu verfolgen. Von da an wurde sie absichtlich nicht*

## II Schleppleinentraining

*mehr gerufen. Prompt stoppte sie und schien zu fragen, wann denn nun endlich das Kommsignal ertönt. Nach einigen Wiederholungen lief sie nicht mehr einfach so los und die Kette war gebrochen. Auf das Komm reagiert sie trotzdem noch sehr gut.*

Neigt Ihr Hund nicht zu solchen Verhaltensketten, dann kann ein Jackpot das Zurückkommen enorm beschleunigen. Ein Jackpot ist eine ganz besondere Belohnung. Der Gedanke dabei ist, dass die Jagdausflüge immer kürzer werden, weil Ihr Hund gelernt hat, dass er bei Rückkehr zu Ihnen etwas ganz besonders Tolles erwarten kann. Als Jackpot kann das Lieblingsspielzeug oder -fressen Ihres Hundes genommen werden. An heißen Sommertagen kann das durchaus auch Wasser sein. Es ist immer noch besser, einen Hund zu haben, der nach zwei Minuten wiederkommt, als nach zwei Stunden. Ziel dieses Buches ist natürlich, dass Ihr Hund überhaupt nicht mehr jagen geht!

Aus gleichem Grund sollte das Zurückkommen jedoch in keinem Fall bestraft werden. Damit werden Sie nicht erreichen, dass Ihr Hund nicht mehr jagt. Sie werden jedoch mit großer Wahrscheinlichkeit dem Hund beibringen, dass die Rückkehr zu Ihnen mit Ärger verbunden ist. Die Konsequenz wäre, dass er immer später zurückkommt. Natürlich ist man fürchterlich enttäuscht und verärgert, wenn der Hund doch wieder jagen war. Nehmen Sie sich einen Stoffhund mit, den Sie erwürgen können, werfen Sie den nächstbesten Stein so weit Sie können oder trommeln Sie mit den Fäusten gegen den nächsten Baum. Aber seien Sie ruhig und besonnen, wenn der Hund wiederkommt. Nehmen Sie ihn, falls nötig an die Leine und gehen Sie ruhig weiter. Hier können Sie ausnutzen, dass Hunde Dinge, die nicht kurz nacheinander folgen, nicht verknüpfen können. Gehen Sie ruhig in einem Bogen nach Hause. Ihr Unterbewusstsein fühlt sich gerächt (Abbruch des Spaziergangs), aber Ihr Hund wird das nicht mit dem Jagen verbinden und Sie machen sich Ihr Training nicht noch weiter kaputt.

Wenn Ihr Hund sich aus ihrem Einwirkungsbereich entfernt und Sie haben mit ihm bereits erfolgreich die Versteckübungen absolviert, dann gehen Sie einfach langsam weiter. Machen Sie kein großes Aufheben darum. Dadurch wird Ihrem Hund die Konsequenz deutlicher, dass sein Verschwinden Ihr Verschwinden nach sich zieht. Im Moment des Jagens ist ihm Ihr Verschwinden egal, aber beim Zurückkehren wird ihm bewusst, dass Sie weg sind.

Der letzte Abschnitt gab Anregungen für den Fall der Fälle, wenn es Missgeschicke im Training gibt. Das Weglaufen Ihres Hundes darf kein Regelfall sein. Notfalls halten Sie die Schleppleine über einen längeren Zeitraum in der Hand, damit Ihr Hund nicht entwischen kann.

## 4. Zwei Spezialübungen

Die Übungen „Langsamer" und „Raus da" sind nützliche Hilfen für Ihr Schleppleinentraining. Beide Übungen gehören zu den aktiven Übungen zum Stoppen eines Hundes am Ende der Schleppleine. Diese beiden Übungen sind in der weiterführenden Literatur nicht beschrieben, so dass an dieser Stelle der Aufbau kurz erläutert wird.

### 4.1 „Langsamer!"

Das Signal „Langsamer!" soll für Ihren Hund die Bedeutung bekommen, langsamer zu laufen. Nicht nur auf unübersichtlichen Wegen oder vor Kurven ist dieses Signal Gold wert. Beim Schleppleinentraining kann es sowohl für Sie, als auch für Ihren Hund entspannend sein, wenn Ihr Hund für einige Hundert Meter langsamer läuft und dadurch den Radius der Schleppleine nicht verlässt. Auch an bestimmten Stellen des Spaziergangs (z.B. Wildwechsel), ermöglicht ein Hund, der langsam in Ihrer Nähe läuft, ein schnelles Eingreifen in die Situation.

Bevor Sie mit der Übung beginnen, überlegen Sie, woran sie erkennen können, dass Ihr Hund langsamer läuft. In der Praxis hat sich der Gangartwechsel vom Trab in Schritt als deutlich sichtbares Kriterium bewährt. Im Rahmen der „jagende Hunde" - Gruppen wählten einige Teilnehmer als Kriterium zuerst sogar nur das Verkleinern der Schrittweite. Achten Sie darauf, dass Sie sich von Anfang an auf ein Kriterium konzentrieren, damit der Hund die Übung schneller versteht. Wählen Sie zum Aufbau des Signals einen Zeitpunkt auf dem Rückweg Ihres Spaziergangs aus. Ihr Hund sollte bereits überschüssige Energien abgebaut haben.

Probieren Sie aus, in welchen Situationen Ihr Hund von sich aus in eine langsamere Gangart wechselt und geben Sie dabei das Signal. Fällt Ihnen keine Möglichkeit ein, probieren Sie folgendes: Wenn Ihr Hund vor Ihnen her trabt, sprechen Sie das Signal ruhig und gedehnt aus, also „Laaaaangsaaaameeeer!". Natürlich kann Ihr Hund noch nicht wissen, was das Wort langsamer an sich bedeutet. Die Ansprache an sich und die Aussprache sind die wichtigen Aspekte. Ihr Hund wird daraufhin wahrscheinlich kurz stutzen und langsamer laufen, weil er wissen möchte, was Sie meinen. Diesen Gangartwechsel können Sie klicken. Nach etlichen Wiederholungen wird Ihr Hund die Bedeutung von „Langsamer!" verstehen lernen.

Wenn Ihr Hund nicht auf das „Langsamer!" reagiert, dann setzen Sie den Namen des Hundes davor, also „Struppi laaaaangsaaaameeeer!". Sie können auch folgendes probieren: Rennen Sie ein Stück mit Ihrem Hund und werden Sie dann langsamer. Ihr Hund wird sich Ihrem Tempo anpassen. Wechselt er in die langsamere Gangart, dann können Sie in diesem Moment klicken. Machen Sie einige Wiederholungen und sagen Sie im Moment des Gangartwechsels „Langsamer!". Klicken Sie in dem Moment, in dem Ihr Hund auf das Signal „Langsamer!" vom Trab in den Schritt wechselt. Klappt das bereits gut, dann erhöhen Sie das Kriterium für einen Klick etwas. Klicken Sie nun, wenn Ihr Hund nicht nur die Gangart gewechselt hat, sondern auch noch einen Schritt in der langsameren Gangart läuft. Erst wenn Ihr Hund auf das Signal „Langsamer!" zuverlässig einen Schritt langsamer läuft, erhöhen Sie wieder Ihr Kriterium für einen Klick. Klicken Sie dann, wenn Ihr Hund nicht nur einen Schritt langsamer gelaufen ist, sondern wenn er zwei oder drei Schritte langsamer läuft.

Steigern Sie so nach und nach die Kriterien auf die Schrittanzahl hoch, die sie auf Dauer haben möchten. Wenn Ihr Hund eine Kriteriumserhöhung mit einer fehlerhaften Ausführung (z.B. erneuerter Wechsel in schnelle Gangart) quittiert, dann gehen Sie noch mal zum alten Kriterium zurück, üben daran weiter und probieren die Kriteriumserhöhung zu einem späteren Zeitpunkt erneut.

<u>Kurzanleitung a):</u>

1. Geben Sie das Hörzeichen „Langsamer!" (evtl. mit Hundenamen davor)
2. Klicken Sie den Gangartwechsel
3. Wiederholen Sie 1. + 2. etliche Male
4. Klicken Sie nach dem Hörzeichen immer später, aber noch so, dass Ihr Hund in der langsameren Gangart läuft

Kurzanleitung b):

1. Rennen Sie mit Ihrem Hund
2. Werden Sie langsamer
3. Klicken Sie den Gangartwechsel Ihres Hundes
4. Wiederholen Sie 1. bis 3. etliche Male
5. Geben Sie im Moment des Gangartwechsels das Hörzeichen „Langsamer!"
6. Ziehen Sie den Klick nach dem Gangartwechsel immer weiter nach hinten hinaus

## 4.2    „Raus da!"

Hunde können verschiedene Bodenbeläge erkennen und unterscheiden. Das Signal „Raus da!" soll für den Hund bedeuten, dass er den derzeitigen Bodenbelag verlässt. Wenn der Weg beispielsweise aus feinem Schotter besteht und sich links und rechts vom Weg eine Wiese befindet, dann kann der Hund lernen auf „Raus da!" von der linken Wiese auf den Weg zu wechseln. Wenn der Hund sich gerade auf dem Weg befindet, soll er auf „Raus da!" den Weg verlassen und je nach Sichtzeichen auf die rechts oder links liegende Wiese wechseln. Diese Übung ist vor allem auch sinnvoll, wenn zum Beispiel Fahrradfahrer auf dem Weg entgegen kommen und der Hund genau auf sie zu trabt. In manchen Spaziergehgebieten macht es Sinn, dass der Hund nur eine Seite neben dem Weg zum Schnüffeln nutzt. Zum Beispiel könnte sich auf der anderen Seite des Weges ein Waldrand befinden mit verlockenden Düften oder es gibt andere Gründe, warum der Hund nur auf einer Seite bleiben soll.

*In Essen gibt es ein Spaziergehgebiet, wo sich auf der linken Seite vom Weg ein Biotop mit vielen geschützten Vogelarten befindet und auf der rechten Seite des Weges ein unbenutztes Feld und ein paar Brombeerbüsche. Von Anfang an folgte auf das Abdriften der Hündin Eika Richtung Biotop das Signal „Raus da!" (sie kannte es bereits). Das Verlassen der linken Seite wurde mit Klick und Leckerchen belohnt. Jeder Versuch etwas auf der linken Wegseite zu stöbern, wurde mit einem „Raus da!" unterbrochen. Recht schnell hat Eika begriffen, dass diese*

*Wegseite für sie tabu ist. Sie benutzt von sich aus die rechte Wegseite. Ganz selten probiert sie doch noch mal, ob sie auf der linken Wegseite laufen darf. Dann kommt das „Raus da!" und sie geht wieder auf die andere Wegseite rüber.*

Nutzen Sie für den Aufbau des „Raus da!" ein Spaziergehgebiet, wo der Weg und die Seiten jenseits vom Weg sich deutlich im Bodenbelag unterscheiden. Suchen Sie sich eine Seite aus, die Ihr Hund verlassen soll. Wenn Ihr Hund auf dieser Seite ein paar Meter von Ihnen entfernt herläuft, rufen Sie mit hoher und motivierender Stimme „Raus da!". Weisen Sie gleichzeitig mit Ihrem Arm auf die erwünschte Seite und machen Sie eine deutliche Körperbetonte Wendung zur erwünschten Seite hin, so dass Ihr Hund Ihnen folgt. Klicken Sie in dem Moment, in dem der Hund von der Seite auf den Weg wechselt. Werfen Sie die Belohnung auf die erwünschte Seite neben dem Weg. Wiederholen Sie den Übungsaufbau etliche Male. Wenn Ihr Hund unter diverser Ablenkung auf „Raus da!" sofort die Wegseite verlässt, dann können Sie beginnen Klick und Belohnung mittels variabler Verstärkung zu verringern.

Wenn Ihr Hund nicht auf das „Raus da!" und Ihre Körperbewegungen reagiert hat, dann setzen Sie seinen Namen davor, um ihn aufmerksam zu machen, also „Bello, raus da!". Klappt auch das nicht, dann hindern Sie Ihren Hund mit der Schleppleine am Weitergehen und Schnüffeln, indem Sie einfach mit der Leine in der Hand bzw. dem Fuß auf dem Schleppleinenende stehen bleiben. Sie warten so lange, bis Ihr Hund (zufällig) die Seite verlassen hat und auf den Weg gewechselt hat. Dafür gibt es Klick & Belohnung. Klappt es auch mit dem Stehen bleiben nicht, kann es sein, dass Ihr Hund zum Zeitpunkt des Übungsaufbaus durch Spuren abgelenkt war. Probieren Sie in diesem Fall ein anderes Spaziergehgebiet für den Übungsaufbau aus. Wenn Sie möchten, dass Ihr Hund eine Seite neben dem Weg ab jetzt nie mehr benutzt, dann geben Sie IMMER das Signal „Raus da!", sobald er die unerwünschte Seite betritt. Sie machen die unerwünschte Seite zu einer Tabuzone. Das klappt am schnellsten und besten in Gebieten, die Ihr Hund bisher noch nicht kennt, also wo er es noch nicht gewohnt ist auf der unerwünschten Seite zu laufen.

Beachten Sie dabei, dass Sie nicht ab jetzt alle Wegseiten zu Tabuzonen erklären. Das wäre zwar eine geniale Lösung für Ihr Jagdproblem, klappt in der Praxis aber leider nicht. Denn auch Ihr Hund benötigt Freiräume, wo er schnüffeln, stöbern, rennen und toben kann.

Kurzanleitung:

1. Gehen sie an einem Ort mit verschiedenem Bodenbelag spazieren
2. sobald ihr Hund auf dem „falschen" Belag ist, geben Sie das Signal „Raus da!" und locken ihn mit Gesten etc. weg
3. klicken Sie, sobald er den „falschen" Bodenbelag verlässt
4. werfen Sie die Belohnung nach dem Klick auf den „richtigen" Bodenbelag
5. wiederholen Sie 1. bis 4. etliche Male unter verschiedener Ablenkung in verschiedenen Spaziergehgebieten

## 5. Durchhalten!

Das Schleppleinentraining kann besonders in den Anfängen für Mensch und Hund sehr frustrierend sein. Es wird Tage geben, wo scheinbar alles wie am Schnürchen klappt, und am nächsten Tag würden Sie Ihren Hund am liebsten auf den Mond schießen. Ist es das Wetter? Ist die Welt für die Hundenase im nassen Zustand interessanter? Hat Ihr Hund einfach einen schlechten Tag? Haben Sie einen schlechten Tag? Warum auch immer es an diesem Tag schlechter geklappt hat, am nächsten wird es wieder besser gelingen.

Sie werden sich vielleicht denken, dass Sie nie wieder einen Hund dieser Rasse haben möchten bzw. einen Mischling aus diesen Rassen. Sobald Sie zu Hause sind werden Sie wahrscheinlich wieder mal feststellen, dass Ihr Hund eigentlich ein Traumhund ist, ... wäre da nicht dieses verflixte Jagdproblem! Dafür schätzen Sie seine vielen guten Eigenschaften. Vielleicht ist Ihr Hund besonders freundlich im Umgang mit anderen Menschen und Hunden, im Haus ruhig und verschmust, sportlich, intelligent, anmutig und vieles mehr. Lassen Sie die vielen guten Eigenschaften vom Jagdproblem nicht in den Schatten stellen!
Das Jagen zählt zu den meist verbreiteten Problemen zwischen Menschen und ihren Hunden. Das entsprechende Training dauert meist lange und erfordert sehr viel Konsequenz. Sie müssen auch an Tagen konsequent sein, an denen es Ihnen schlecht geht. Wenn dann noch Ihr Hund am anderen Ende der Schleppleine steht und sich weigert, auf Ihr Kommsignal zu reagieren, dann liegen die Nerven verständlicherweise blank. Doch es lohnt sich weiter zu machen! Sie werden feststellen, dass Ihr Hund mit Hilfe des Schleppleinentrainings überdurchschnittlich gut auf Ihre Signale reagiert, auch wenn nicht alles hundertprozentig klappen sollte.

Sie werden bald den Punkt erreichen, an dem Sie die Früchte Ihres Schleppleinentrainings ernten werden. Aus Ihrem schlecht ansprechbaren Hund, wird ein Hund, der auf Ihre Signale zuverlässig und gerne reagiert.

In diesem Sinne: Halten Sie durch!!!

*„Man kann nicht gegen See und Wellen anarbeiten. Wenn man in einen Sturm kommt, muss man ihn „abwettern" – ihn also annehmen und das Beste daraus machen."*

*(Dr. Jan Uwe Rogge)*

# III Training parallel zur Schleppleine

Im folgenden Teil des Buches stellen wir detailliert nützliche Einzelübungen des Antijagdtrainings vor. Diese Übungen werden parallel zum Schleppleinentraining trainiert. Einen Überblick über die Einzelübungen, sowie die Einordnung in einen Trainingsplan (AJT) finden Sie im Anhang dieses Buches. Alle vorgestellten Übungen werden aufgebaut, wie es im vorderen Teil des Buches beschrieben worden ist. Sie beginnen in einer ablenkungsarmen Umgebung. Wenn die Übung unter wenig Ablenkung gut funktioniert, probieren Sie es an einem Ort mit mehr Ablenkung. Gleichzeitig können Sie an den ablenkungsarmen Orten mit der variablen Verstärkung beginnen.

## 1. Orientierungsübungen

Orientierungsübungen sind Übungen, die den Hund dazu bringen sollen, öfter auf Sie zu achten. Hunde, die sich am Halter orientieren, sind leichter zu kontrollieren als Hunde, die immer selbst entscheiden, was sie tun.

### 1.2. Blickkontakttraining

Regelmäßiger Blickkontakt zu Frauchen und Herrchen bietet sowohl dem Menschen als auch dem Hund Vorteile. Für Ihren Hund ist es wichtig, keinen Richtungs- oder Wegwechsel Ihrerseits zu verpassen. Er wird des Weiteren im Rahmen des AJT lernen, dass sich Blickkontakt für ihn lohnt, weil Sie diesen belohnen. Auch Sichtzeichen verpasst Ihr Hund nicht, wenn er sich regelmäßig umschaut. Für Sie ist der Blickkontakt Ihres Hundes wichtig, weil er im Moment seines Rückblickens sein Tun aktiv unterbricht. Er ist sozusagen gedanklich bei Ihnen. Seine Aufmerksamkeit und Konzentration richten sich im Moment des Blickkontaktes auf Sie. Das bedeutet gleichzeitig, dass Ihr Hund sich nicht ununterbrochen auf Wildspuren und –sichtung konzentriert. Hunde können lernen, dass sich der Rück-Blick zum Menschen immer lohnt. Je mehr Ihr Hund das verinnerlicht hat, umso größer ist die Chance, dass er in verschiedenen Situationen zu Ihnen schaut, um mit Ihnen (vermenschlicht gesagt) Rücksprache zu halten. Das gilt besonders für Situationen, in denen Ihr Hund vor einer Entscheidung steht.

Grundsätzlich gilt: Je mehr Sie Ihren Hund für den Rück-Blick bestärken, umso öfter wird er es tun. Mit Bestärkung ist nicht immer ein Leckerchen oder ein Spielzeug gemeint. Ein kurzes freundliches Wort reicht manchmal im vorangeschrittenen Training aus. Viele Menschen übersehen anfangs die regelmäßigen Rück-Blicke ihres Hundes. Wenn keine Reaktion auf den Rück-Blick erfolgt, dann wird der Hund immer seltener zurückblicken und sich immer mehr anderen Dingen widmen und zum Beispiel eine Spur suchen.

Manche Hundebesitzer und sogar manche Hundetrainer pochen darauf, dass die Anzahl der Blickkontakte einen Rückschluss über die Bindung vom Hund zum Menschen zulässt. Dabei wird jede Hunderasse und deren Mischlinge und jede Vorgeschichte des Hundes in einen Topf geworfen. Als klassisches Beispiel dienen die Hirten- und Hütehundrassen wie zum Beispiel der Deutsche Schäferhund. Wer mit einem Hund dieser Rasse spazieren geht, stellt fest, dass diese Hunde von sich aus einen gewissen Radius einhalten, ständig zurückblicken und evtl. sogar Kreise um ihre Menschen ziehen.

*Dass das so nicht stimmen kann, zeigt der Fall einer Frau, die sich eine Deutsch Langhaarschäferhündin aus dem Berliner Tierheim holte. Die Hündin wurde an sie vermittelt und durfte ihren ersten Spaziergang mit ihrer neuen Besitzerin und zwei weiteren Hunden erleben. Nach zehn Minuten wurde die Schäferhündin abgeleint. Sie zeigte genau dieses intensive Zurückblicken, wie beschrieben. Hatte sie während der Autofahrt und den zehn Minuten Spaziergang tatsächlich so eine starke Bindung aufgebaut?*

Jeder Besitzer einer Jagdhundrasse wird ein Lied davon singen können, was seinem Hund schon alles unterstellt wurde. Das führt von schlechter Bindung bis hin zum extrem dominanten Hund. Auf die Idee, dass Jagdhundrassen dafür gezüchtet wurden, auch in großer Entfernung zum Jäger selbstständig zu arbeiten, kommt selten jemand. Egal, ob Ihr Hund das Zurückblicken verlernt hat, ob er schlecht auf Menschen geprägt wurde, ob er zu einer wenig blickkontaktfreudigen Rasse gehört oder warum auch immer er wenig bis gar nicht zu Ihnen zurückschaut auf den Spaziergängen, dieser Zustand lässt sich ändern! Messen Sie dabei Ihre Erfolge nicht an anderen Hunden, auch nicht an denen derselben Rasse.

Damit Sie beim Training Ihren Erfolg einschätzen können, zählen Sie auf dem nächsten Spaziergang, wie oft Ihr Hund tatsächlich ohne Aufforderung zu Ihnen zurückschaut. Wiederholen Sie die Zählung noch vier Mal in diesem Gebiet und auch in anderen Gebieten. Daran können Sie auch erkennen, in welchem Gebiet Ihr Hund mehr abgelenkt war. Je weniger Ihr Hund ohne Aufforderung zu Ihnen zurück geschaut hat, umso abgelenkter war er. Tragen Sie die Ergebnisse in die Tabelle zum Blickkontakt im Anhang dieses Buches ein.

Beginnen Sie mit dem Blickkontakttraining, wie es nachfolgend beschrieben wird. Üben Sie auf jedem Spaziergang. Zählen Sie nach einem Monat Blickkontakttraining in denselben Spaziergehgebieten die freiwilligen Rück-Blicke Ihres Hundes. Hat sich die Anzahl gesteigert? Es gibt viele Varianten, den Blickkontakt Ihres Hundes zu Ihnen zu üben. Nachfolgend stellen wir Ihnen drei Varianten vor.

*1.2.1   Rück-Blicke einfangen*

Dies ist die gängigste Variante, um den Blickkontakt zu üben. Sie fangen die zufälligen Rück-Blicke mittels Klicker ein, so dass Ihr Hund lernt, dass sich zu Frauchen oder Herrchen schauen lohnt. Gehen Sie wie üblich mit Ihrem Hund spazieren. Vergessen Sie nicht beliebte Bestärkungen, wie zum Beispiel gekochte Hühnerherzen, Käse oder Fleischwurst mitzunehmen. Halten Sie den Klicker bereit. Eventuell binden Sie an seine Öse ein Haargummi, so dass Sie den Klicker am Handgelenk immer griffbereit haben. Achten Sie auf Ihren Hund. Fangen Sie jeden Blick des Hundes mit dem Klicker ein. Das bedeutet, dass Sie in dem Moment klicken, in dem Ihr Hund Sie anschaut. Falls Sie den Klicker gerade nicht griffbereit haben, dann loben Sie Ihren Hund zumindest verbal, sobald er Sie anschaut. Wenn Ihr Hund sich seinen Bestärker nicht abholen kommt, dann achten Sie darauf, ob sich das Zurückschauen trotzdem verbessert. Das kann vorkommen, wenn der Hund sich nach dem Klick durch Schnüffeln selbst belohnt. Wird es nicht besser, dann klicken Sie den Rück-Blick nur, wenn Ihr Hund sehr nah bei Ihnen ist und sichtlich noch nicht sehr abgelenkt. Denken Sie auch über einen Wechsel der Belohung nach.

Bedenken Sie, dass das Gesichtsfeld Ihres Hundes einen Winkel von ca. 240° umfasst (Mensch im Vergleich ca. 200°). Das bedeutet, dass Ihr Hund nicht so deutlich wie vergleichsweise ein Mensch den Kopf drehen muss, um Sie zu sehen. Wenn Ihr Hund also zu denen zählt, die so gut wie nie Blickkontakt zum Menschen suchen, dann klicken Sie anfangs schon bei der kleinsten Kopfdrehung. Erst später erhöhen Sie die Anforderungen und warten, bis Ihr Hund Sie direkt anschaut.

Beim Zählen der freiwilligen Rück-Blicke, werden Sie vielleicht festgestellt haben, dass Ihr Hund relativ wenig ohne Signal zurückschaut. Je öfter Sie seinen freiwilligen Rück-Blick mit dem Klicker einfangen, umso häufiger wird er ihn zeigen.

### *1.2.2 Leinenübung*

Diese Übung ist dazu bestimmt, Ihrem Hund das erwünschte Verhalten, nämlich der freiwillige Rück-Blick zu Ihnen, zu verdeutlichen. Er soll von sich aus den Blickkontakt suchen, statt auf ein Signal hin zu reagieren.

Wählen Sie ein beliebiges Spaziergehgebiet und einen Moment ohne große Ablenkung. Leinen Sie Ihren Hund an einer etwa zwei Meter langen Leine an. Bleiben Sie einfach stehen, mit lockerer Leine und einsatzbereitem Klicker. Ihr Hund wird wahrscheinlich in die Gegend schauen, evtl. Witterungen in der Luft aufnehmen u.ä.. Irgendwann wird er sich zu Ihnen umschauen. Das bedeutet Klick und Bestärker. Bleiben Sie erneut regungslos stehen. Wahrscheinlich wird Ihr Hund schon etwas schneller zu Ihnen schauen. Bestärken Sie den Rück-Blick. Machen Sie die Übung ca. eine Minute, und setzen Sie dann wie gewohnt Ihren Spaziergang fort. Wenn die Übung bei wenig Ablenkung gut klappt, Ihr Hund ca. sechs Rück-Blicke pro Minute anbietet, dann steigern Sie die Ablenkung für diese Übung schrittweise anhand Ihrer Generalisierungsskala.

Sollte der Fall eintreten, dass Ihr Hund im wahrsten Sinne des Wortes die Augen nicht mehr von Ihnen lassen kann, dann verringern Sie einfach die Klicks und die damit verbundene Belohnung. Das heißt, Sie klicken nicht mehr jeden Rück-Blick, sondern nur noch jeden zweiten, dritten oder vierten.

Kurzanleitung:

1. Mit angeleintem Hund stehen bleiben
2. Ohne Locken still abwarten
3. Jeden Rück-Blick des Hundes klicken und belohnen

*1.2.3 Im Zeitrahmen*

Die nachfolgend beschriebene Variante eignet sich besonders für Situationen mit hohem Ablenkungsgrad. Binden Sie Ihren Hund in ablenkungsreicher Umgebung an einem Baum, Pfahl oder ähnlich stabilem Gegenstand fest, oder lassen Sie ihn von einer Hilfsperson an der Leine halten. Stellen Sie sich neben Ihren Hund und warten Sie maximal 20 Sekunden ab. Wenn Ihr Hund innerhalb dieser 20 Sekunden Blickkontakt zu Ihnen aufnimmt, klicken sie dies. Beginnen Sie nach dem Klick wieder bis 20 zu zählen. Schaut Ihr Hund innerhalb der 20 Sekunden zu Ihnen, bestärken Sie den Blick erneut. Hat Ihr Hund fünf Mal hintereinander jeweils im Zeitrahmen der 20 Sekunden zu Ihnen geschaut, dann senken Sie die Sekundenzahl auf 15 Sekunden, danach auf zehn Sekunden. Irgendwann kommen Sie an den Punkt, an dem Ihr Hund NICHT innerhalb des gesetzten Zeitrahmens zu Ihnen Blickkontakt aufgenommen hat. Kennzeichnen Sie das Ende des Zeitrahmens mit einem „Schade!" oder „Pech gehabt!". Sprechen Sie die Wörter entsprechend Ihrer Bedeutung aus, also sehr bedauernd. Entfernen Sie sich gleichzeitig etwa zehn Meter von Ihrem Hund. Sobald er zu Ihnen schaut, gehen Sie wieder zu Ihm zurück. Loben Sie ihn jedoch nicht, denn Ihr Zurückkommen an sich ist eine ausreichende Belohnung für den Moment und unterbricht die Konzentration nicht so stark. Beginnen Sie von neuem zu zählen. Wenn Ihr Hund zu Ihnen schaut bekommt er einen Klick und eine Belohnung. Wenn er im von Ihnen gesetzten Zeitrahmen keinen Blickkontakt sucht, sagen Sie Ihr „Schade!" bzw. „Pech gehabt!" und entfernen sich wieder zehn Schritte. Sobald er zu Ihnen schaut gehen Sie wieder zurück.

Überprüfen Sie Ihren gesetzten Zeitrahmen, ob er zu der Ablenkung passt. Wenn Sie wie am Fließband Klicken, weil Ihr Hund ständig zu Ihnen schaut, dann können Sie die Ablenkung erhöhen. Müssen Sie hingegen ständig von Ihrem Hund weggehen, dann ist Ihr Zeitrahmen für die vorherrschende Ablenkung eindeutig zu klein. Achten Sie also auf ein ausgewogenes Maß zwischen Klicks und „Pech gehabt!".

Diese Variante bietet sich an, sie nach Lust und Gelegenheit zusätzlich zu den anderen Varianten ins Training einzubauen.

<u>Kurzanleitung</u>

1. Hund anbinden
2. Zeitrahmen (zu Beginn 20 Sekunden) auswählen und beginnen zu zählen
   a) Der Hund nimmt innerhalb des Zeitrahmens Blickkontakt auf
   → Klick & Belohnung
   → Neubeginn, Sekunden zählen
   b) Der Hund nimmt keinen Blickkontakt im Zeitrahmen auf
   → „Schade!" und Weggehen
   → Wiederkommen, wenn Hund auf Entfernung Blickkontakt aufnimmt
   → Nicht belohnen
   → Neubeginn, Sekunden zählen
3. Ablenkung erhöhen oder Zeitrahmen verringern

## *1.2.4  Blickkontakt unter Signal*

Sie haben sicherlich bemerkt, dass bis jetzt nie mit einem Signal für das Anschauen gearbeitet wurde. Das ist ein wichtiges Element dieser Trainingsweise. Der Hund soll nicht Befehle ausführen, sondern von sich aus wichtige Dinge anbieten, zum Beispiel den Blickkontakt. Das garantiert Ihnen, dass Ihr Hund auch in unaufmerksamen Momenten in Ihrem Sinne reagiert. Er weiß, was er in der entsprechenden Situation tun kann. Trotzdem kann es sinnvoll sein, nicht zuletzt für solche Hunde, die nur selten zurückschauen, ein Signal zu geben, wenn der Blickkontakt erwünscht wird. Diesen Blickkontakt auf Signal können Sie zudem genauso generalisieren, wie das Kommsignal.

Bringen Sie Ihrem Hund das Anschauen folgendermaßen in ablenkungsarmer Umgebung bei:

Halten Sie eine Schale mit Leckerchen griffbereit. Stellen Sie sich mit dem Klicker in der Hand hin und warten Sie, bis Ihr Hund zu Ihnen schaut. Für jeden Blick ins Gesicht gibt es im gleichen Moment einen Klick und danach ein Leckerchen. Machen Sie nach etwa einer Minute eine Pause und wiederholen Sie die Übung zum späteren Zeitpunkt noch einmal. Wenn Ihr Hund nach dem Fressen des Leckerchens sofort wieder in Ihr Gesicht blickt, können Sie die Übung etwa schwieriger gestalten. Stellen Sie sich dazu seitlich zum Hund hin. Um Ihnen ins Gesicht blicken zu können, muss er ebenfalls seitwärts gehen. Als weiteren Schwierigkeitsgrad können Sie sich mit dem Rücken zum Hund stellen. Wenn Ihr Hund sich dann so bewegt, dass er Ihnen wieder ins Gesicht schauen kann, hat er die Blickkontaktübung verstanden. Alternativ können Sie das Leckerchen seitlich in Kopfhöhe des Hundes halten und warten, bis der Hund ins Gesicht schaut.

Überlegen Sie sich ein entsprechendes Hörzeichen, zum Beispiel „Guck (mal)!", „Schau (mal)!", „Look!", „Watch (me)!" oder ähnlich. Sagen Sie in dem Moment, wo Ihr Hund zu Ihnen sieht, Ihr Hörzeichen, klicken dann und geben das Leckerchen. Wiederholen Sie die Übung etliche Male an verschiedenen Orten. Testen Sie, ob Ihr Hund bereits Ihr Hörzeichen verknüpft hat, indem Sie ohne den Kontext der Übungssituation Ihr Hörzeichen geben. Wenn Ihr Hund Ihnen daraufhin ins Gesicht blickt, hat er das Signal mit dem Blickkontakt zu Ihnen verknüpft.

Wenn Ihr Hund auf Ihren Spaziergängen wirklich nicht zurückblickt und wenn auch die vorher beschriebenen Varianten keine Besserung bringen, dann wählen Sie eine ablenkungsarme Situation und geben das Signal für den Blickkontakt. Schaut Ihr Hund zu Ihnen, Klick & Belohnung. Wiederholen Sie die Übung anfangs häufig. Ihr Hund wird dann zwischendurch auch ohne Signal Blickkontakt anbieten, denn er merkt, dass sich ein Rück-Blick für ihn lohnt. Solche Blickkontakte müssen Sie unbedingt mit dem Klicker einfangen. Gehen Sie über zu den vorher beschriebenen Varianten.

Kurzanleitung:

1. Nehmen Sie Klicker und Leckerchen zur Hand
2. Klicken Sie jeden Blick in Ihr Gesicht
3. Bauen Sie Schwierigkeitsgrade ein (seitlich und mit dem Rücken zum Hund stehen)
4. Geben Sie ein Hörzeichen kurz bevor der Hund zu ihnen schaut
5. Üben Sie an verschiedenen Orten
6. Testen Sie, ob Ihr Hund das Hörzeichen mit dem Blickkontakt verknüpft hat

Denken Sie daran, Ihre Bestärkung kreativ einzusetzen. Also lassen Sie Ihren Hund das Leckerchen nach dem Klick einmal suchen, dann werfen Sie es ihm ein anderes Mal entgegen usw.. Damit werten Sie das Leckerchen als Belohnung auf. Futter an sich ist gut, bewegtes Futter noch besser.

Wenn die Anzahl der freiwilligen Rück-Blicke Ihres Hundes deutlich angestiegen ist, dann gehen Sie zur variablen Verstärkung über. Klicken Sie nicht mehr jeden Rück-Blick, sondern nur noch solche, die unter gesteigerter Ablenkung vom Hund angeboten wurden. Das ist ein wichtiger Prozess, da Sie in Zukunft sicherlich auch spazieren gehen und nicht so intensiv auf Ihren Hund achten können oder möchten. Wenn Sie dann plötzlich aufhören, den freiwilligen Rück-Blick zu klicken, würde Ihr Hund sich schnell wieder anderen Dingen widmen. Was Sie immer tun sollten, ist, jeden Rück-Blick kurz verbal zu belohnen. Das ist für Ihren Hund der Hinweis, dass er dieses Verhalten weiter zeigen soll.

## 1.3 Verstecktraining

Als Hundehalterin oder Hundehalter sind Sie für Ihren Hund die lebenswichtigste Ressource. Denn Sie sind diejenige oder derjenige, die/der Ihrem Hund Futter und Wasser gibt, Sicherheit, einen ruhigen Schlafplatz, Sozialkontakt mit Spiel und Schmusen. Es gibt für Ihren Hund Momente, wo er Sie ausblendet, sei es, weil er mit einem Artgenossen spielt oder Nachbars Katze jagt. Doch wenn dieser (manchmal lang andauernde) Moment vorbei ist, hat er das Bestreben zu Ihnen zurück zu kehren. Sie können dieses Begehren mit Hilfe des Verstecktrainings intensivieren. Ähnlich wie im menschlichen Miteinander wird Ihrem Hund Ihre Wichtigkeit erst richtig bewusst, wenn Sie einmal nicht da sind. Für das Training bedeutet das konkret:

Wählen Sie ein Gelände mit Büschen, Bäumen, hohem Gras, Hügeln oder ähnlichem zum Verstecken. Lassen Sie eine Hilfsperson Ihren Hund festhalten. Entfernen Sie sich kommentarlos und im flotten Tempo. Verstecken Sie sich, doch so, dass Ihr Hund Sie schnell finden kann. Sobald Sie Ihr Versteck eingenommen haben, soll die Hilfsperson Ihren Hund kommentarlos laufen lassen. Geben Sie Ihrem Hund keinen Tipp durch Rufen oder auffällige Geräusche. Sobald er Sie gefunden hat, freuen Sie sich richtig. Spielen Sie mit ihm, rennen Sie mit ihm oder stecken Sie ihm was Leckeres zu. Sie können das Verstecktraining beliebig oft wiederholen. Achten Sie darauf, den Schwierigkeitsgrad des Verstecks langsam zu steigern, jedoch immer so, dass Ihr Hund schnell zum Erfolgserlebnis kommt, Sie also schnell findet.

Gerade am Anfang des Spaziergangs ist ein solches Versteckspiel sinnvoll. Ihr Hund gerät dadurch automatisch in den Modus „Ausschau nach Frauchen/Herrchen halten". Als willkommener Nebeneffekt hat der Hund die Möglichkeit, erste Energien mit schnellem Laufen und Suchen abzubauen. Das Suchen ist eine Form von Nasenarbeit. Statt nach Wildspuren zu suchen, setzt Ihr Hund gezielt seine Nase ein, um Sie zu finden. Der wichtigste Sinn Ihres Hundes in diesem Moment auf Sie gerichtet. Das ist ein weiterer Pluspunkt des Verstecktrainings. Sie können das Verstecktraining beliebig erweitern, indem Sie das Gelände wechseln, größere Strecken und schwierigere Verstecke wählen oder nach anderen Personen, zum Beispiel Ihren Kindern, suchen lassen. Wenn Sie merken, dass Ihr Vierbeiner und Sie besonders viel Spaß daran haben, dann ist es eine Überlegung wert, Ihren Hund hobbymäßig in der Kategorie „Mantrailing" (Spurensuche) auszubilden. Weiterführende Literatur zum Thema Nasenarbeit finden Sie in der Literaturliste dieses Buches.

Das Verstecken können Sie in den alltäglichen Spaziergang einbeziehen. Wählen Sie ein Spaziergehgebiet, in dem sich Ihr Hund von Ihnen entfernen kann, ohne dass Sie sich Sorgen machen müssen. Also ein Gebiet ohne nahe gelegene Straßen, schießwütige Jäger, Nachbars freilaufende Hühner, Futterstellen für Wild oder andere unerwünschte Faktoren. Es müssen Büsche oder Bäume vorhanden sein, hinter denen Sie sich verstecken können. Gehen Sie wie üblich spazieren, bis Ihr Hund seine ersten Energien ausgelebt hat. Lassen Sie Ihren Hund ein Stück vorlaufen (ca. 20 Meter) und verstecken Sie sich am Wegesrand. Rufen Sie nicht! Es kann sein, dass Ihr Hund einige Hundert Meter weiter läuft, ohne gemerkt zu haben, dass Sie ihm nicht folgen. Haben Sie etwas Geduld. Irgendwann wird er sich zufällig nach Ihnen umschauen oder bemerken, dass er kein Geräusch von Ihnen hört. Nun wird er Sie mehr oder weniger ängstlich suchen. Geben Sie ihm noch immer keinen Hinweis durch Rufen oder verräterische Bewegungen. Wenn Ihr Hund Sie gefunden hat, dann freuen Sie sich kurz verbal und gehen weiter. Merken Sie aber, dass Ihr Hund panisch reagiert, dann geben Sie ihm einen Hinweis durch ein kurzes Rufen seines Namens. Bleiben Sie trotzdem vorläufig in Ihrem Versteck. Entscheiden Sie nach Ihrem Gefühl, ob es nötig ist, aus Ihrem Versteck herauszutreten.

Finden Sie kein entsprechendes Übungsgebiet, in dem Ihr Hund ohne Leine laufen kann, dann lassen Sie eine Hilfsperson die Schleppleine nehmen. Die Hilfsperson soll hinter Ihrem Hund hergehen, ohne ihn zu beeinflussen oder auf Ihre Abwesenheit aufmerksam zu machen. Eine andere Variante ist, dass die Hilfsperson Ihren Hund durch Futter, Spielzeug, einen kleinen Sprint u.ä. ablenkt. Sie nutzen diesen Moment und verschwinden hinter dem nächsten Baum oder Gebüsch. Die Hilfsperson stellt ihre ablenkende Tätigkeit ein. Ihr Hund wird Sie daraufhin suchen. Nach einigen Wiederholungen wird er sich nur noch kurz oder sogar gar nicht mehr von der Hilfsperson ablenken lassen. Er hat begriffen, dass Sie verschwinden, wenn er unaufmerksam ist.

Seien Sie nicht sparsam mit Ihren Versteckübungen. Verstecken Sie sich immer, wenn Ihr Hund besonders wenig auf Sie achtet. Er wird schnell lernen, dass er sich regelmäßig umschauen muss, sonst kann es sein, dass sein Frauchen oder Herrchen wie vom Erdboden verschluckt ist.

Sie können diese Art des Orientierungstrainings parallel zu den anderen Trainingsvarianten nutzen. In der Praxis hat es sich bewährt, sich auf jedem Spaziergang einige Male zu verstecken und etwa einmal in der Woche einen Spaziergang besonders intensiv zum Verstecken zu nutzen. Wenn Ihr Hund verstanden hat, dass die Konsequenz auf seine Unachtsamkeit Ihre Abwesenheit ist, dann können Sie das Verstecken variabel gestalten. Sie verstecken sich also nicht mehr auf jedem Spaziergang, sondern zur Auffrischung des Gelernten nur noch ab und zu.

*Magyar Viszla Johnny drehte den Spieß allerdings um. Nachdem Frauchen sich einige Mal versteckt hatte und beide sichtlich Spaß am Wiederfinden hatten, war Johnny plötzlich verschwunden. Voller Angst und laut rufend ging Frauchen den Weg zurück. Plötzlich schaute eine braune Hundeschnauze hinter einem Baum hervor und schien sich diebisch zu freuen. Von nun an wechselten sich Besitzer und Hund beim Verstecken ab und Johnny hat noch immer viel Spaß beim Beobachten seiner Besitzer, wenn diese hinter die Bäume schauen.*

## 1.4  Weg-/Richtungswechsel

Das Prinzip dieser Variante ist ähnlich wie beim Verstecken. Der Hund möchte grundsätzlich in Ihrer Nähe sein, Sie nicht verlieren. Vielleicht müssen Sie innerlich lachen, wenn Sie diesen Satz lesen? Dann gehört Ihr Hund wahrscheinlich zu denjenigen, die stundenlang jagen gehen ohne Sie auch nur im Geringsten zu vermissen. Ihr Hund befindet sich während eines Jagdausflugs in einer anderen Welt. Er hält sich in der Welt der Gerüche auf, wo es nur ihn und das Wild gibt. Auch Hunden mit Verlassensängsten macht es während des Jagens nichts aus, von ihren Menschen getrennt zu sein. Aber auch sie wollen ihre Bezugsperson nicht verlieren. Deshalb sind sie darauf bedacht, keinen Weg- oder Richtungswechsel von Ihnen zu verpassen. Diese Art des Trainings sorgt gleichzeitig dafür, den Radius Ihres Hundes etwas zu verkleinern.

Wählen Sie ein Spaziergehgebiet, das keine Gefahren für Ihre Mitmenschen und Ihren Hund birgt. Besonders eignen sich Gebiete mit vielen abzweigenden Wegen und Trampelpfaden. Lassen Sie Ihren Hund einige Meter voraus rennen. Wechseln Sie den Weg oder Ihre Laufrichtung, ohne Ihren Hund zu rufen oder sonst irgendeinen Hinweis zu geben. Vielleicht wird Ihr Hund beim ersten Wechsel einige hundert Meter weiter laufen. Gehen Sie so lange auf dem anderen Weg oder in die andere Richtung weiter, wie Sie Ihren Hund noch sehen können. Hat er den Wechsel immer noch nicht bemerkt, bleiben Sie einfach stehen und warten. Hat er die Lage erkannt und kommt zurückgesaust, gehen Sie weiter, bis er Sie eingeholt hat. Dann freuen Sie sich verbal und setzen Ihren Weg fort. Sollte Ihr Hund kurz davor sein, sich aus der Hörweite zu bewegen, dann geben Sie ihm einen Hinweis durch das Rufen seines Namens. Sobald er sich umdreht, gehen Sie weiter und loben ihn, wenn er bei Ihnen angekommen ist. Wiederholen Sie diese Variante öfter. Die meisten jagdfreudigen Hunde kommen auf dumme Gedanken, wenn Sie immer geradeaus laufen. Die Verlockung ist groß, jagen zu gehen, da die Wegstrecke für Ihren Hund kalkulierbar ist. Wechseln Sie also öfter die Wege, Richtungen und Spaziergehgebiete!

Bei dieser und der vorher beschriebenen Variante ist es möglich, dass der Hund während des Trainings für kurze Zeit aus Ihrem Einwirkungskreis entschwindet. Durch Zufall kann genau in dieser Zeit Wild den Weg kreuzen oder kurz vorher eine Spur hinterlassen haben. Wenn Sie sich Sorgen machen, dann nehmen Sie für die ersten Male eine Hilfsperson mit, die mit dem Hund an der Schleppleine weiter läuft, während Sie den Weg oder die Richtung wechseln. Die Hilfsperson muss absolut neutral bleiben. Sie soll Ihren Hund lediglich mit Hilfe der Schleppleine am Jagen hindern und darf keinerlei Hilfen oder Hinweise geben. Wenn der Hund Sie deutlich sucht, dann kann die Hilfsperson erfahrungsgemäß die Schleppleine fallen lassen.

## 1.5 Umkehrsignal

Das Umkehrsignal unterscheidet sich vom Kommsignal. Auf das Umkehrsignal, soll der Hund ein Stück mit in Ihre Richtung kommen, aber nicht ganz bis zu Ihnen. Das Umkehrsignal soll Weg- oder Richtungswechsel für Ihren Hund ankündigen.

In der Praxis hat sich gezeigt, dass das Umkehrsignal zu den zuverlässigsten und am schnellsten generalisierten Signalen gehört. Es ist für Ihren Hund, der danach bestrebt ist, den Anschluss zu Ihnen nicht zu verlieren, eine wichtige Information. Zusätzlich gibt es eine Belohnung in Form von Leckerchen oder Spielzeug. Gerade die Tatsache, dass Ihr Hund beim Umkehrsignal nur in Ihre Richtung, aber nicht ganz bis zu Ihnen kommen muss, kann sich ebenfalls positiv auswirken. Das Kommsignal führt für Ihren Hund häufig zum Ende der jeweiligen Aktivität. Entweder Sie rufen ihn, um Ihn anzuleinen, eine Übung zu machen, weiter zu gehen oder um jemanden durchzulassen usw..

*Kaya, die Golden Retriever Hündin reagiert kaum auf das „Komm" ihres Herrchens. Sobald dieser sich aber mit einem lauten und resignierten „Tschüss Kaya!" abwendet, kommt Kaya wie ein geölter Blitz hinterher gefegt. Sie hat gelernt, dass „Tschüss" bedeutet, dass Herrchen jetzt wirklich geht, denn seine Geduld zu warten, ist zu Ende und sie hat nur noch diese eine Chance, bevor er weg ist.*

Bevor Sie mit dem systematischen Aufbau des Umkehrsignals beginnen, überlegen Sie sich ein Hörzeichen. Gerne genommen werden „Zurück!", „Kehr um!", „Hier lang/weiter!" oder „Go back!". Aber es ist auch jedes andere Hörzeichen möglich. Wählen Sie ein waldiges Gebiet mit vielen sich kreuzenden Trampelpfaden oder Wegen. Falls Sie Ihren Hund in diesem Gebiet nicht ableinen können, nehmen Sie eine Hilfsperson mit. Die Hilfsperson soll lediglich die Schleppleine am Ende halten, damit Ihr Hund sich nicht all zu weit von Ihnen entfernen kann. Ansonsten soll sie möglichst schnell hinter dem Hund hergehen, und ihn so gut wie gar nicht beeinflussen. Nehmen Sie Klicker, Leckerchen und ggf. Spielzeug mit. Warten Sie einen Moment ab, wo Ihr Hund ein paar Meter vor Ihnen hertrabt. Geben Sie Ihr Umkehrsignal und wechseln Sie im selben Augenblick den Weg oder die Richtung. Behalten Sie Ihren

Hund während des Gehens im Auge, um zu klicken, sobald er sich in Ihre Richtung wendet. Wichtig ist, dass Sie ohne Zögern die gewechselte Richtung einschlagen, falls Ihr Hund nicht sofort folgt. Geklickt wird nur, wenn sich der Hund in den ersten drei Sekunden nach dem Umkehrsignal umwendet. Besonders lauffreudige Hunde holen sich selten ihr Leckerchen nach dem Klick ab, sondern stürmen lieber an Frauchen oder Herrchen vorbei. Das ist vollkommen in Ordnung. Bitte drängen Sie Ihrem Hund weder Leckerchen noch Spielzeug auf. Andere Hunde hingegen stoppen und fordern ihre Belohnung ein. Im Gegensatz zum Kommsignal, wo geklickt wird, wenn der Hund da ist, wird beim Umkehrsignal immer in dem Moment geklickt, wo der Hund sich zu Ihnen umdreht. Denn die Übung ist für Ihren Hund beendet, wenn er sich in Ihre Richtung gewendet hat. Er muss nicht bis zu Ihnen heran kommen.

Wiederholen Sie de Übung mindestens sieben Mal hintereinander in kurzer Zeit Danach gönnen Sie Ihrem Hund ruhig 15 Minuten Pause, indem Sie ihn in Ruhe schnuppern lassen oder ihm erlauben zu tun, was er sonst noch gerne möchte. Üben Sie das Umkehrsignal während dieses Spaziergangs noch mehrere Male nacheinander.

Nach dem intensiven Aufbau bauen Sie das Umkehrsignal auf Ihren nächsten Spaziergängen einfach ein, indem Sie öfter Weg oder Richtung wechseln. Mit einem Jagdversessenen Hund ist es ohnehin nicht ratsam immer dieselbe Strecke oder einen geraden Weg zu laufen. Sie müssen erreichen, dass sich Ihr Tier vorrangig auf Sie und Ihr Verhalten konzentriert. Variieren Sie, indem Sie manchmal Ihr Umkehrsignal dafür benutzen, aber auch manchmal im Sinne des zuvor beschriebenen Blickkontakttrainings gar nichts sagen. Ihr Hund soll einerseits regelmäßig Blickkontakt suchen, um Sie nicht zu verlieren, andererseits wollen Sie aber auch Ihr Umkehrsignal festigen. Aus diesem Grund sagen Sie bei manchen Weg- oder Richtungswechseln nichts und bei anderen Wechseln arbeiten Sie mit dem Umkehrsignal.

Wenn Ihr Hund beim Aufbau des Umkehrsignals sich nicht nach ein paar Sekunden in die gewünschte Richtung gewendet hat, klicken Sie nicht, auch dann nicht, wenn er später doch noch der Änderung folgt. Entweder hält Ihre Hilfsperson Ihren Hund auf, indem sie einfach mit der Schleppleine in der Hand stehen bleibt oder Sie gehen in der gewechselten Richtung weiter. Sollte er auch beim nächsten Versuch nicht gleich reagieren, dann ist wohl die Ablenkung am gewählten Ort oder zum gewählten Zeitpunkt zu groß. Probieren Sie es später woanders erneut.

Achten Sie beim Umkehrsignal darauf, es immer im Zusammenhang mit einem Weg- oder Richtungswechsel zu benutzen. Selbst wenn Sie eigentlich Ihren Weg weiter gehen, gehen Sie zumindest für 20 Meter den anderen Weg oder in die andere Richtung.

Kurzanleitung:

1. Auswahl eines Spaziergehgebiets mit vielen sich kreuzenden Wegen
2. Weg oder Richtung wechseln, gleichzeitig Umkehrsignal geben
3. Klicken, sobald der Hund sich in Ihre Richtung wendet
4. Etliche Male wiederholen

## 2.) Impulskontrollübungen

Impulskontrolle bedeutet, dass der Hund lernen soll, sich zu beherrschen. Er soll nicht unkontrolliert losstürzen, sondern überlegt handeln. Zwischen Reiz und Reaktion soll also das Hirn geschaltet werden. Gerade beim Jagen ist das nicht der Fall. Der Hund sieht das Kaninchen und schon tragen ihn seine Beine hinterher. Ob sein Hirn etwas davon mitbekommen hat? Hier soll eingegriffen werden. Der Hund soll nicht kopflos hinterher stürzen, sondern überlegen und in anderer Weise reagieren, etwa Blickkontakt anbieten, Zurückkommen etc.. Es ist nicht nur in Bezug auf jagdliche Verhaltensweisen wünschenswert, dass der Hund „überlegt" handelt. In Angstsituationen soll er zum Beispiel nicht einfach wegrennen oder impulsiv angreifen, bei Begegnungen soll er sich dem fremden Hund langsam, ruhig und „höflich" nähern. Das freie Formen beim Klickertraining fördert allgemein die Impulskontrolle. Vor allem deswegen, weil der Hund vom Leckerchen weg arbeitet, statt wie beim Locken dem Leckerchen folgt. Der Klicker an sich ist ein wichtiger Helfer für die zahlreichen Impulskontrollübungen. Ihr Hund lernt Probleme zu lösen und nicht kopflos seinem Impuls nachzugehen.

Bei Impulskontrollübungen geht es nicht darum, dass der Hund auf Signale seines Besitzers reagiert. Er soll stattdessen lernen, selbst Lösungen zu finden. So lernt er zum Beispiel, sich von bestimmten Reizen abzuwenden, sie zu negieren oder ruhig zu bleiben. Er soll lernen, widerstehen zu können. Dies lernt er am effektivsten, wenn er andere Strategien ausprobiert und für die wünschenswerten Strategien eine Belohnung vom Menschen erhält. Ihr Hund erfährt, wie er indirekt an das Erwünschte gelangt.

### 2.1 Abwenden von Futter

Leinen Sie Ihren Hund an. Stellen Sie ein Schälchen mit Leckerchen bzw. ein Spielzeug auf den Boden. Der Hund wird mittels der Leine daran gehindert, an die Leckerchen oder das Spielzeug zu gelangen. Halten Sie den Klicker bereit, um jedes Abwenden von dem begehrten Objekte zu klicken und mit etwas aus Ihrer Tasche zu belohnen. Entfernen Sie sich anfangs nach dem Klick soweit von dem Schälchen am

Boden, dass sich Ihr Hund nicht sofort wieder dorthin wendet. Abwenden bedeutet, dass der Hund den Kopf zur Seite dreht, am Boden schnüffelt oder ganz weggeht. Hin und Wieder darf Ihr Hund auch das Objekt am Boden zur Belohnung nach dem Klick aufnehmen. (Stichwort „erwartete Bestärkung").

## 2.2 Am Boden bleiben

Nehmen Sie gut riechende Leckerchen oder ein Spielzeug in die Hand. Halten Sie die Hand so hoch, dass Ihr Hund auch durch Springen nicht an den Inhalt der Hand gelangen kann. Wenn Ihr Hund hochspringt, bellt oder ähnlich unerwünschtes Verhalten zeigt, um an den Inhalt zu gelangen, bleiben Sie ungerührt stehen und ignorieren ihn, ohne etwas zu sagen. Klicken Sie erst, wenn er mit allen vier Pfoten wenigstens drei Sekunden (!) den Boden berührt. Nach dem Klick bekommt er eine Belohnung aus Ihrer Tasche und manchmal die Belohnung aus der Hand. Nach einigen Wiederholungen sollte Ihr Hund ruhig sitzend oder stehend warten, bis Sie klicken. Das Warten trotz Aufregung können Sie nun beliebig hinauszögern und ihn für langes Warten (ein bis zwei Minuten) mit einem Leckerchensuchspiel belohnen.

## 2.3 Abregen üben 1

Nehmen Sie ein Spielzeug oder einen mit Futter gefüllten Beutel. Spielen Sie eine Minute mit Ihrem Hund ein wildes Zerrspiel. Ihr Hund kann dabei ruhig kräftig reißen oder auch Spielknurren zeigen. Er muss richtig ins Spiel vertieft sein. Verstecken Sie nun plötzlich das Spielzeug oder den Beutel hinter Ihrem Rücken oder klemmen Sie es unter Ihren Arm, so dass er nicht daran kommt. Stellen Sie sich gerade hin und warten Sie ab. Sobald Ihr Hund sich selbst abgeregt hat und ruhig sitzend oder stehend wartet, klicken Sie und führen das Spiel unverändert fort.

## 2.4 Abregen üben 2

Ergänzend können Sie die Reizangel verwenden. Eine Reizangel ist ein langer Stab mit ca. zwei bis drei Meter Schnur daran, an die ein Spielzeug gebunden werden kann. Ziehen Sie mit Hilfe der Reizangel das Objekt der Begierde am Boden entlang weg vom Hund. Imitieren Sie einen hoppelnden Hasen. Lassen Sie Ihren Hund hinterherhetzen, ohne dass er das Objekt fangen kann. Dann schleudern Sie es plötzlich in die Luft, so dass Ihr Hund das Objekt nicht erwischen kann. Erst wenn er wieder ruhig abwartet, bekommt er einen Klick und als Belohnung das Objekt. Gefällt Ihrem Hund das Hinterher rennen besser als das Besitzen des Spielzeuges, dann belohnen Sie ihn, indem Sie weiterspielen. Durch viele Widerholungen lernt Ihr Hund so, sich schnell wieder zu beruhigen, um an das Erwünschte zu gelangen. Er wird dadurch auch in anderen Situationen besser und schneller ansprechbar sein. Impulskontrollübungen sind auch alle Übungen, die mit dem Signal „Bleib!" zusammenhängen.

## 2.5 Beherrschung 1

Lassen Sie Ihren angeleinten Hund eine Bleibposition (Sitz, Platz oder Steh) einnehmen. Eine Hilfsperson schwenkt in großer Entfernung Leckerchen oder Spielzeug. Die Person kommt näher. Klicken Sie, solange Ihr Hund noch in der Bleibposition verharrt. Als Belohnung kann die Person dem Hund das Leckerchen zuwerfen, oder er bekommt etwas aus Ihrer Tasche. Steigern Sie die Ablenkung durch die Person, die sich laut verbal freut, herumhüpft etc. langsam. Beginnen Sie also mit dem ruhigen Annähern. Sollte Ihr Hund doch einmal aufstehen wollen, oder aufgestanden sein, markieren Sie es mit einem neutralen „Ähäh!" oder „Pech gehabt!" und hindern ihn durch die Leine am Hinlaufen. Lassen Sie ihn wieder die Bleibposition einnehmen und bitten Sie die Hilfsperson, ruhiger zu kommen bzw. etwas weiter weg zu bleiben. Steigern Sie das Ganze langsam, bis Ihr Hund auch bei einer sich laut freuenden, Futter schwenkenden Person dicht neben sich, wenigstens fünf Sekunden ruhig sitzen bleibt.

## 2.6 Beherrschung 2

Halten Sie Ihren Hund an kurzer Leine fest. Werfen Sie ein Leckerchen oder einen Ball anfangs nicht sehr weit weg. Wenn er sitzen geblieben ist, belohnen Sie ihn, indem Sie mit ihm zusammen das Leckerchen suchen gehen bzw. mit dem Ball spielen. Sollte er vorher hinterherlaufen wollen, markieren Sie das wieder mit einem „Pech gehabt" und brechen die Übung ab. Gehen Sie einen Meter zur Seite und versuchen Sie es erneut. Werfen oder rollen Sie diesmal das Leckerchen bzw. den Ball noch vorsichtiger. Denken Sie daran, dass Ihr Hund nur verstehen kann, was Sie von ihm wollen, wenn er die Übung richtig ausführen kann und dafür bestärkt wird. Aus Fehlern lernt er nicht, wie er sich richtig hätte verhalten können.

Impulskontrolle kann überall da geübt werden, wo ihr Hund scheinbar kopflos ist. Üben Sie mit ihm, indem Sie sein impulsives Verhalten durch die Leine verhindern und er erst Erfolg hat, wenn er abwarten kann. Möchte ihr Hund Aufmerksamkeit und springt Sie wie verrückt an? Dann ignorieren Sie ihn solange, bis er ruhig wartet und spielen erst dann eine Runde mit ihm. Giert er nach den Leckerchen in ihrer Hand und ist nicht ansprechbar? Dann lassen Sie ihn nicht daran kommen (machen Sie eine Faust) und geben ihm erst etwas, wenn er aufhört zu kratzen, quietschen etc.. Bellt er wie verrückt, wenn Sie Gassi gehen wollen? Brechen Sie das Anziehen ab und beginnen erst wieder, wenn er fünf Sekunden lang ruhig war. Für diese Übungen brauchen Sie gerade bei Hunden, die schnell erregbar sind, einen langen Atem und ein stoisches Gemüt, aber es lohnt sich! Ihr Hund wird lernen, dass nur abwarten und sich beruhigen erfolgreich ist.

*„Es ist des Menschen würdiger, sich lachend mit dem Leben zu beschäftigen, als es ständig zu beweinen."*

*Seneca, röm. Philosoph*

## IV Kontrolle am Wild

Dieses Kapitel soll Ihnen beim Training für den schlimmsten Fall helfen. Wenn Sie oder Ihr Hund Wild sichten. Dies ist wohl die Alptraumsituation für jeden Besitzer eines jagdfreudigen Hundes. Viele Menschen sind einer solchen Situation hilflos ausgeliefert, wenn sie dann da ist und stehen ohnmächtig daneben, wenn der Hund trotz intensiver Vorarbeit weg ist. Verlieren Sie aus diesem Grund nie Ihr Ziel aus den Augen, die Übungen dann erfolgreich einzusetzen, wenn der Hund bereit ist, jagen zu gehen. Alle vorherigen Kapitel erläutern Übungen, die die Ansprechbarkeit und die allgemeine Kontrolle verbessern sollen. Jetzt geht es darum, zu sehen, ob das Training etwas gefruchtet hat und die nachfolgenden Übungen auch direkt am Wild greifen werden. Vergessen Sie jedoch nicht, dass Sie keine Maschine, sondern ein Lebewesen an der Schleppleine führen und gegen die Genetik antrainieren. Hundertprozentige Kontrolle in jeder Situation ist kein erreichbares Ziel. Vielmehr geht es darum, den Hund soweit als möglich kontrollieren zu können und in Situationen, denen Sie sich nicht gewachsen fühlen oder Ihrem Hund nicht genügend vertrauen können, die nötige Sicherung zu schaffen. Sehen Sie jeden erreichten Zwischenschritt als Erfolg auf dem Weg zu Ihrem persönlichen Endziel.

### 1. Superschlachtruf

Im Gegensatz zum Komm- oder dem Umkehrsignal, ist der Superschlachtruf für den Fall der Fälle gedacht. Also für Situationen, in denen Ihr Hund sich oder andere gefährden könnte. Wenn der Superschlachtruf gut funktioniert, dann können Sie entspannt spazieren gehen. Denn selbst wenn das Schlimmste passiert, können Sie Ihren Hund im Notfall abrufen. Sie fragen sich jetzt sicherlich, warum Sie den Superschlachtruf nicht als alltägliches Kommsignal nutzen können. Der Superschlachtruf funktioniert deswegen so sicher, weil er sehr sorgfältig aufgebaut wird, aber vor allem nur ganz selten durchgeführt wird. Er wird im Training nur in gut vorbereiteten Situationen geübt. Kombiniert mit der seltenen Durchführung behält der Superschlachtruf seine Besonderheit für den Hund.

Der Superschlachtruf kündigt einen Jackpot an. Damit ist nicht etwa eine Handvoll Leckerchen gemeint. Was für Ihren Hund ein Jackpot ist, müssen Sie selbst herausfinden. Für den spielzeugverrückten Hund ist es das Spiel mit dem Lieblingsspielzeug, für den verfressenen Hund der Trockenpansen im Mauseloch oder im Futterbeutel. Für jagdlich interessierte Hunde kann es der Critter sein, der einem Eichhörnchen ähnelt und dadurch besondern begehrt bei vielen Hunden ist. Die Bezugsquelle finden Sie im Anhang. Es kann Leberwurst in der Tube oder Katzenfutter im Schälchen sein. Seien Sie kreativ und finden Sie das Nonplusultra für Ihren Hund heraus!

Der Superschlachtruf ist eine klassisch konditionierte Ankündigung einer Belohnung. Das bedeutet, dass der Hund nicht erst etwas tun muss und dafür belohnt wird, sondern er bekommt das Superfutter, -spielzeug, wenn dieser Ruf ertönt, egal was er gerade macht. Wie der Name „Schlachtruf" schon sagt, ist nicht unbedingt ein Pfiff gemeint. Neben dem Jackpott an sich lieben Hunde das gemeinsame Tun mit ihrem Frauchen oder Herrchen. Schlachtrufe sind dazu da, mitzureißen. Mit Ihrer Stimme und mit Ihrer Körpersprache sollen Sie Ihrem Hund jede Menge Action, Freude und Spaß ankündigen.

Im Folgenden wird der Aufbau des Superschlachtrufs durch Spielzeug, durch Mäuselöcher kombiniert mit Trockenpansen und durch Lieblingsfutter beschrieben. Dies sind nur Beispiele. Was für Ihren Hund der Jackpot ist, müssen Sie herausfinden und für Ihren Superschlachtruf nutzen.

## 1.1 Aufbau mit Spielzeug

Wählen Sie ein Spielzeug aus, dass Ihr Hund am liebsten mag. Stecken Sie es in Ihre Tasche und gehen Sie an einem ablenkungsarmen Ort mit Ihrem Hund spazieren. Wenn Ihr Hund vor Ihnen hertrabt, rufen Sie laut und begeistert „Huch!" oder ein anderes Superschlachtrufsignal. Machen Sie gleichzeitig eine betonte Wurfbewegung und werfen Sie das Spielzeug in die entgegengesetzte Richtung. Das Signal „Huch" und die Wurfbewegung müssen gleichzeitig erfolgen. Falls das Lieblingsspielzeug quietschen kann, können Sie im Anschluss an das „Huch!" quietschen und dann werfen. Spielen Sie noch eine Minute mit Ihrem Hund. Nehmen Sie dann das Spielzeug wieder an sich. Wiederholen Sie die Übung noch ca. fünf Mal während des Spaziergangs ganz egal, was Ihr Hund gerade macht. Wenn Ihr Hund sofort auf Ihren Superschlachtruf reagiert, steigern Sie die Ablenkung, indem Sie rufen, wenn er etwas weiter von Ihnen entfernt ist, irgendwo intensiv schnüffelt oder gerade ein anderer Hund vorbeikommt. Beim Aufbau des Superschlachtrufs mit Spielzeug können Sie die Ablenkung relativ schnell steigern, da diese Hunde in der Regel sehr auf das Spielzeug fixiert sind. Sie können das Spielzeug auch zu anderen Zwecken einsetzen. Die Wirkung des Superschlachtrufes wird dadurch nicht herab gesetzt. Der Superschlachtruf funktioniert deswegen so gut, weil er das Spiel mit dem Spielzeug ankündigt, egal was der Hund macht. Das unterscheidet sich vom Belohnen eines Verhaltens mit Spielzeug.

Kurzanleitung:

1.) Spielzeug bereithalten, ohne dass es der Hund vorher sieht
2.) Superschlachtruf bei wenig Ablenkung ausstoßen und das Spielzeug schwenken
3.) Intensiv mit dem Hund spielen
4.) Spielzeug wieder wegpacken
5.) Noch dreimal wiederholen
6.) Später unregelmäßig auffrischen

## 1.2 Aufbau über Futter

Der Aufbau über Futter eignet sich für besonders verfressene Hunde. Wählen Sie die absolute Lieblingsspeise für Ihren Hund aus. Manche Hunde lieben frischen, grünen Pansen, andere getrockneten Fisch und wieder andere Katzennassfutter in kleinen Schälchen. Am besten benutzen Sie das ausgewählte Futter ausschließlich nur noch für den Superschlachtruf, so dass das Lieblingsfutter einen Seltenheitscharakter erlangt und dadurch noch beliebter wird. Am günstigsten ist es, wenn der Hund vorher nicht weiß, ob Sie dieses Futter dabeihaben. Verpacken Sie es also schnuppersicher, aber so, dass Sie es schnell hervorholen können. Kleine Nassfutterschälchen sind dafür ideal. Besonders beliebt ist auch das Fressen aus einem Beutel oder das Lecken an gefüllten Plastiktuben (so genannte „Food Tubes"). Die im Outdoor-Shop erhältlichen Tuben können nach Belieben gefüllt werden. So lassen sich Leberwurst, Thunfisch, Babybrei und Co. problemlos für unterwegs mitnehmen. Das Nuckeln an den Tuben scheint ebenfalls ein besonderer Spaß für manche Hunde zu sein.

Wenn Ihr Hund etwas vor Ihnen hertrabt, halten Sie Ihr Futter griffbereit. Rennen Sie in die entgegengesetzte Richtung und stoßen Sie Ihren Superschlachtruf „Yippie!" aus. Präsentieren Sie Ihrem Hund eine große Menge („Jackpot") seines Lieblingsfutters. Wenn er in Ruhe aufgefressen hat, setzen Sie Ihren Spaziergang fort. Das Wegrennen parallel zum Ausstoßen des Superschlachtrufs dient als Sichtzeichen für den Hund. Fahren Sie fort, wie bereits beim Aufbau des Superschlachtrufes über Trockenpansen und Mäuselöcher beschrieben.

## 1.3 Aufbau mit Mauseloch

Das Buddeln ist ein Jagdelement. Sie können das Buddeln kombiniert mit einem besonderen Leckerchen für Ihren Superschlachtruf nutzen. Ihr Hund findet sicherlich selbst Mäuselöcher zum Buddeln, aber Sie finden grundsätzlich die besten Mäuselöcher. Denn Ihre Mäuselöcher sind auch noch mit Pansen gefüllt! Diese besten Mäuselöcher werden grundsätzlich mit Ihrem Superschlachtruf „Uiuiuiuiui!" angekündigt. Wählen Sie eine Wiese oder ein Feld, wo es viele Mäuselöcher gibt und wo Ihr Hund ungestört buddeln darf. Nehmen Sie einige ca. zehn cm lange Trockenpansenstreifen mit. Diese sind im Tierfutterhandel erhältlich. Wenn Ihr Hund Trockenpansen nicht besonders toll findet, dann nehmen Sie sein Lieblingsleckerchen mit. Es soll eine ähnliche Konsistenz wie der Trockenpansen haben. Die Größe ist wichtig, damit die Belohnung nicht in den Tiefen der Mäuselöcher verschwinden kann. Lassen Sie Ihren Hund etwas vor sich hertraben. Suchen Sie ein Mauseloch und füllen Sie es mit einem Streifen Trockenpansen. Der Pansen sollte soweit im Mauseloch verschwinden, dass Ihr Hund etwas Buddeln muss, um daran zu gelangen. Hocken Sie sich geschäftig vor das gefüllte Mauseloch und stoßen Sie Ihren Superschlachtruf „Uiuiuiuiui!" möglichst mitreißend aus. Ihr Hund wird neugierig angerannt kommen. Zeigen Sie ihm Ihr gefülltes Mauseloch. Animieren Sie ihn zum Buddeln bis er den Pansen hat. Während Ihr Hund seinen Pansen knabbert, suchen Sie bereits etwas entfernt das nächste Loch.

Manche Hunde kommen schon interessiert angelaufen, wenn sie bemerken, dass Frauchen oder Herrchen nach irgendetwas am Boden sucht. Andere Hunde beschäftigen sich lieber selbst. Wiederholen Sie ungefähr dreimal hintereinander den oben beschriebenen Aufbau. Danach gehen Sie ganz normal weiter spazieren. Testen Sie in der folgenden Woche täglich Ihren Superschlachtruf. Achten Sie darauf, ihn in unterschiedlichen Situationen zu geben. Also am zweiten Tag, wenn Ihr Hund einen anderen Hund gesehen hat, am vierten Tag, wenn Ihr Hund eine Fährte ausarbeitet usw. Orientieren Sie sich an Ihrer ausgefüllten Generalisierungsskala. Nach einer Woche reduzieren Sie die Anzahl. Das heißt, Sie üben den Superschlachtruf maximal drei Mal die Woche.

Der Superschlachtruf behält seine Effektivität durch wenig Wiederholungen und damit Abnutzungen. Insofern frischen Sie ihn später nur noch alle paar Wochen auf. Wenn Sie Ihren Hund einmal rufen müssen, aber kein Mauseloch in der Nähe ist, dann ist das in diesem Einzelfall nicht schlimm, wenn er die Belohnung einmal ohne Loch nur auf dem Boden findet. Achten Sie darauf, in den folgenden Tagen den Superschlachtruf wieder mit einem Mauseloch und Trockenpansen zu kombinieren. Grundsätzlich gehört zum Superschlachtruf über Buddeln auch das Hinhocken vor dem Mauseloch als Sichtzeichen. Wenn Sie Ihren Hund also ausnahmsweise ohne Mauseloch mit dem Superschlachtruf rufen, dann tun Sie so, als würden Sie vor einem Mauseloch hocken. Ihr Hund wird nicht nur den Schlachtruf „Uiuiuiuiui!" verknüpft haben, sondern genauso oder sogar mehr Ihre hockende Körperhaltung und das damit verbundene gemeinsame Tun.

Kurzanleitung:

1. Mauseloch suchen und mit Pansen füllen
2. Mit „Uiuiuiuiui!" Hund aufmerksam machen und hockend im Mauseloch stochern
3. Hund zum Buddeln animieren
4. Noch dreimal wiederholen
5. Alle paar Tage und später im monatlichen Abstand unter verschiedener Ablenkung auffrischen

## 1.4  Vorsicht Verhaltenskette!

Der Superschlachtruf muss für Ihren Hund unvorhersehbar erfolgen, ohne dass er ihn mit einem Verhalten seinerseits in Verbindung bringt. Als Notsignal bedeutet er nichts anderes als: „Hier gibt es was super-super-Tolles!!!" Das hat zum einen den Sinn, dass Ihr Hund keine unerwünschten Verhaltensketten knüpfen kann. Zum anderen sind manche Hunde in einer ständigen Erwartungshaltung, dass der Superschlachtruf gleich erklingen könnte. Dies ist eine positive Entwicklung, weil Ihr Hund dann den Radius um Sie herum automatisch verkleinert.

Wenn Ihr Hund den Superschlachtruf doch mit einem bestimmten Verhalten verknüpft, dann kommt es zu einer unerwünschten Verkettung. Eine durch den Superschlachtruf verursachte Verhaltenskette könnte folgendermaßen aussehen: Ihr Hund rennt hinter einem Pferd mit Reiter her, Sie geben Ihren Superschlachtruf, Ihr Hund kommt zurück, um sich seinen Jackpot abzuholen. Diese Situation wiederholt sich auf anderen Spaziergängen. Ihr Hund wird lernen, dass er nur Pferde jagen muss, damit Sie Ihren Superschlachtruf geben und er an die entsprechende Superbelohnung gelangt. Aber auch wenn Sie den Superschlachtruf immer dann ausstoßen, wenn Ihr Hund sich gerade von Ihnen entfernt, kann er das verknüpfen und absichtlich weglaufen. Sie können solchen Verhaltensketten vorbeugen, indem Sie den Superschlachtruf in möglichst vielen verschiedenen Situationen geben. Also während er Sie anschaut, während er irgendwo schnuppert, während er weiter weg ist und auch während er direkt neben Ihnen steht. Er darf ihn weder mit der Entfernung zu Ihnen, noch mit seiner Gangart in Verbindung bringen!

Besteht die Verhaltenskette bereits, gibt es verschiedene Vorgehensweisen zur Auflösung der Kette.

Wenn Ihr Hund ohne Grund wie angestochen losrennt, um den Superschlachtruf auszulösen, dann lassen Sie ihn einfach rennen. Er wird sich nach kurzer Zeit erstaunt umschauen nach dem Motto „wo bleibt der Superschlachtruf?". Da keine Reaktion mehr erfolgt, wird sein falsch verknüpftes Verhalten bald nachlassen. In dieser Zeit setzen Sie den Superschlachtruf vor allem dann ein, wenn Ihr Hund irgendwo schnuppert oder etwas anderes tut, aber nicht rennt.

Wenn Ihr Hund Pferd und Reiter, Autos, Jogger oder alles Mögliche jagt, um einen Superschlachtruf auszulösen, dann sichern Sie ihn mit einer Schleppleine. Suchen Sie vom Auslösereiz stark frequentierte Gebiete zum Training aus und arbeiten Sie an der im Verlauf des Kapitels beschriebenen Generalisierung Ihres Kommsignals.

Wenn Sie den Superschlachtruf völlig löschen möchten, dann geben Sie ihn häufig hintereinander ohne eine folgende Belohnung. Wiederholen Sie ihn so oft, bis Ihr Hund keine sichtbare Reaktion mehr auf den Superschlachtruf zeigt.

## 2. Abbruchsignal

Dieses Training zielt darauf ab, eine Aktion des Hundes abbrechen zu können. Im Gegensatz zum Schleppleinentraining (Kapitel II) und der Gegenkonditionierung (Kapitel IV.6), möchte man hier nicht das Jagen von Anfang an umlenken, sondern man trainiert die Ansprechbarkeit des Hundes in Erregungssituationen. Der Vorteil dieser Vorgehensweise ist, dass der Hund bei sauberem Training im Erregungsfall zu stoppen ist. Ein Nachteil ist, dass er trotzdem weiter nach Spuren suchen wird und jagen geht. Sie müssen also immer auf der Hut sein, den Hund zu stoppen und abzurufen, und zwar so früh wie möglich. Ein zweiter Nachteil ist, dass der Hund vielleicht gestoppt hat, aber noch nicht weiß, was er nun tun soll. Es muss also in jedem Fall ein weiteres Signal wie „Komm!" o.ä. folgen, auf das der Hund reagiert. Je länger der Hund schon in Jagderregung ist, desto mehr verschließt er sich allem, was von außen kommt, und desto schlechter wird er Ihr Signal hören und darauf reagieren. Es wird bei den wenigsten Hunden reichen, nur das Abbruchsignal zu trainieren, es kann jedoch eine sinnvolle Ergänzung zum AJT sein. Es lohnt sich deshalb vor allem, wenn Sie das Abbruchsignal parallel zum AJT trainieren.

Suchen Sie sich ein Abbruchsignal aus, das Sie nicht täglich verwenden. Ein Nein ist daher nicht zu empfehlen. Es sollte ein Wort sein, das Sie auch unter höchster Erregung über die Lippen bringen und es sollte laut und mit tiefer Stimmlage zu rufen und zu hören sein. Aus letzterem Grund eignet sich „Pfui!" dafür ebenfalls nicht besonders. Ein „Hey!" entspricht beiden Voraussetzungen. Sprechen Sie dieses Signal während des Trainings auch so aus, wie Sie es im Notfall sagen würden. Wenn Sie während des Trainings lieb und freundlich „Hey!" sagen, dann wird Ihr Hund Ihr „HEYYYY!!!" im Zweifelsfall nicht als das gelernte Signal erkennen.

## 2.1 Futter in der Hand

1.) Legen Sie ein paar Brocken Futter auf Ihre Hand.
2.) Halten Sie dem Hund die offene Hand vor seine Nase und belegen Sie es mit einem deutlichen „HEY!"
3.) Sobald Ihr Hund das Futter fressen möchte (er kennt das Signal ja noch nicht), schließen Sie die Hand zur Faust. Behalten Sie die Faust aber unbedingt an der Stelle und ziehen Sie sie nicht weg!
4.) Öffnen Sie die Faust wieder und geben Sie das Hey-Signal.
5.) Wiederholen Sie das Signal öfter, solange er an der Faust knabbert (Ziehen Sie diese nicht weg!)
6.) Öffnen Sie die Faust jedes Mal, wenn Ihr Hund nicht direkt daran schnuppert. Üben Sie solange, bis Ihr Hund nicht mehr versucht, an das Futter auf der offenen Hand zu gelangen
7.) Zählen Sie bis fünf und werfen Sie ihm dann die Bröckchen nach einem OK zum Suchen auf den Boden

Üben Sie am ersten Tag zehnmal über den Tag verteilt, pro Trainingseinheit vier Versuche. Jeden Versuch machen Sie solange, bis er aufgibt, an das Futter zu kommen. Beginnen Sie die Übungen zuhause.
Üben Sie am zweiten Tag zehnmal über den Tag verteilt mit je vier Versuchen. Beginnen Sie die Übungen nach draußen zu verlagern und mit anderen, besseren Futterbröckchen (Fleischkäse, Würstchen etc.).

## 2.2 Futter am Boden

1.) Nehmen Sie viele kleine Futterbröckchen in die Hand
2.) Stellen Sie sich vor Ihren Hund und beginnen Sie, freundlich mit ihm zu reden, während Sie ihm wiederholt kleine Bröckchen zum Fressen geben
3.) Lassen Sie nach ca. zehn Sekunden ein Bröckchen auf den Boden fallen, so dass es Ihr Hund bemerkt
4.) Sobald Ihr Hund das Bröckchen vom Boden nehmen will, geben Sie Ihr Signal und halten im Zweifelsfall den Fuß be-

reit, um ihn darauf zu stellen. Ihr Hund darf das Futter vom Boden auf keinen Fall bekommen!

5.) a) Reagiert er auf Ihr Signal und lässt das Futter liegen, reden Sie weiter mit ihm und füttern ihn erneut

b) Reagiert er nicht, sondern versucht an das Leckerchen zu kommen, warten Sie ab, bis er wieder zu Ihnen hoch schaut, und loben ihn dann dort mit Weiterreden und Füttern. Das Futter am Boden darf bis zum Ende dieser Übung nicht gefressen werden

Üben Sie auch dies wenigstens zehnmal über den Tag verteilt mit je vier Versuchen. Wechseln Sie am besten jedes Mal den Übungsort. Nach diesem Trainingstag sollte Ihr Hund nach Ihrem „Hey!" sofort wieder hoch schauen und keine Anstalten machen, das am Boden liegende Leckerchen zu nehmen. Sammeln Sie nach Abschluss der Übung die Leckerchen vom Boden auf, damit Ihr Hund nicht in den Konflikt gerät, nicht zu wissen, ob er sie nehmen darf oder nicht. Klare Kommunikation ist das Wichtigste beim Lernen.

## 2.3 Futter von Fremden

Lassen Sie die Übungen von Tag eins bis drei von wenigstens drei verschiedenen Personen durchführen. Das „Hey!" kommt jedoch von Ihnen und nicht vom Futterverteiler. Dieser soll nur die Konsequenz bei Nichtbeachtung des Signals ausführen. Also die Hand schließen, oder den Fuß auf das Leckerchen am Boden stellen.

1.) Stellen Sie sich anfangs direkt neben den Futterverteiler. Sollte dieser Probleme haben mit der Ausführung der Konsequenzen, dann machen Sie ruhig ein paar Trockenübungen ohne Hund.

2.) Reagiert Ihr Hund wie gewünscht auf Ihr Signal, steigern Sie nun die Entfernung. Halten Sie anfangs einen Schritt Abstand und steigern Sie es bei Erfolg auf wenigstens fünf Meter.

Machen Sie an diesem Tag jede Übung fünf Mal mit je vier Versuchen. Gibt es Probleme, dann nehmen Sie den fünften Tag auch noch für diese Übungen und vergrößern den Abstand in kleineren Schritten.

## 2.4 Abbruchsignal mit Ball

Wenn Ihr Hund kein Ballfan ist, oder diese Übung ohne Probleme auch auf der schwierigsten Stufe klappt, dann wiederholen Sie das Ganze mit Futter.

Ihr Hund ist an der Leine, Sie stehen vor Ihrem Hund.

1.) Zeigen Sie dem Hund den Ball und sagen Sie deutlich „Hey!"
2.) Lassen Sie den Ball hinter sich fallen (nicht werfen!) und geben Sie auch dabei Ihr Hey-Signal
3.) Wenn Ihr Hund zum Ball möchte, stellen Sie sich mit gespreizten Händen vor Ihren Hund und geben erneut das Hey-Signal. Schubsen Sie ihn wenn nötig kräftig von sich weg, lassen ihn aber sofort wieder los.
4.) Warten Sie, bis Ihr Hund Sie kurz anschaut, markieren Sie diesen Blickkontakt mit einem Klick und werfen Sie ihm den Ball zum gemeinsamen Hinterher rennen.

Trainieren Sie das pro Spaziergang fünf bis zehn Mal. Falls Sie es nicht schaffen sollten, Ihren Hund davon abzuhalten, den Ball zu nehmen, dann binden Sie ihn an einen Baum/Zaun o.ä., so dass die Leine ihn hält, wenn er an Ihnen vorbei rennen will. Macht Ihr Hund keine Versuche mehr, bei Ihrem Hey hinter dem Ball herzulaufen, steigern Sie die Schwierigkeit, indem Sie den Ball ca. einen Meter hinter sich werfen, später auch neben sich. Haben Sie auch damit keine Probleme mehr, probieren Sie nun folgendes:

5.) Nehmen Sie den Hund an die Leine, sagen wieder deutlich „Hey!" und werfen Sie den Ball (anfangs kürzer und schwach, bei Erfolg kräftiger) weiter von sich weg, auch hinter den Hund.

6.) Da Sie nun hinter den Hund werfen, können Sie ihn schlechter durch Körpersignale stoppen, wenn er loslaufen sollte. Er wird nun durch die Leine aufgehalten, die maximal einen Meter lang sein sollte.
7.) Rennt er trotz Ihres „Hey!" in die Leine, nehmen Sie die Leine kurz, heben den Ball kommentarlos auf. Probieren Sie das Ganze erneut mit einem weniger kräftigen Wurf.
8.) Bleibt Ihr Hund auf Ihr „Hey!" hin stehen, warten Sie auf den Blickkontakt, markieren diesen und stürzen dann mit ihm gemeinsam zum Ball, um zusammen damit zu spielen.

Üben Sie jeden Schritt, bis er zuverlässig klappt und steigern Sie erst dann die Schwierigkeit! Denken Sie daran, dass Hunde aus Fehlern nur Fehler lernen. Vermeiden Sie diese also, indem Sie die Trainingsschritte klein und erfolgreich halten. Steigern Sie bei Erfolg die Schwierigkeit dieser Übung, indem Sie…

a) immer weiter und kräftiger werfen
b) öfter ohne Signal den Hund direkt nach dem Wurf laufen lassen und nur selten das Hey-Signal geben
c) das Hey nicht mehr VOR dem Werfen sagen, sondern immer weiter hinauszögern. Dabei nicht mehr nur Blickkontakt belohnen, sondern auf das Zurückkommen warten bzw. den Hund erst zurückrufen, bevor Sie beide zum Ball rennen.

Das Ziel dieser Übung haben Sie erreicht, wenn Ihr Hund sich durch ein Hey stoppen lässt und zu Ihnen zurückkommt, nachdem er schon mehrere Meter hinter dem Ball hergelaufen ist.
Punkt fünf bis acht lässt sich auf ähnliche Weise noch jagdähnlicher gestalten, wenn Sie statt des Balls einen echten Hasenbalg (vom Jäger oder Fleischer) nehmen und diesen von einer zweiten Person am Fahrrad hinterher ziehen lassen. Bei reinen Sichtjägern oder zum Anfang des Trainings reicht oft auch ein Bündel Stoff oder gefüllte und zusammengebundene Handschuhe, dass bzw. die hinter dem Fahrrad herhoppeln.

## 3. Kommtraining

Ein zuverlässiges Kommsignal ist für Sie und für Ihren Hund sehr wichtig. Denn je zuverlässiger Ihr Hund sich aus diversen Situationen abrufen lässt, desto mehr Freiheiten können Sie ihm ermöglichen. Hunde sind Lebewesen. Das macht sie fehlbar. Im vorderen Teil des Buches wurde bereits erörtert, warum Belohnung und nicht Strafe als Mittel für die Erziehung gewählt werden soll. Ihr Hund soll lernen zu kooperieren, statt den ersten unaufmerksamen Moment Ihrerseits abzupassen, um durchzustarten.

Bitte kreuzen Sie an, ob folgende Kriterien für Ihr Kommsignal zutreffen:

☐ Ich habe das Kommsignal ohne jegliche Anwendung von Strafe aufgebaut oder abgesichert
☐ Ich kann meinen Hund in normaler Stimmlage rufen, er reagiert freudig und kommt daraufhin (ausgenommen bei zu großer Ablenkung)
☐ mein Hund kommt seinem Temperament entsprechend freudig angaloppiert bzw. angetrabt

Konnten Sie drei Kreuzchen machen? Dann lesen Sie weiter im Punkt „Generalisierung". Sie konnten nicht alle Aussagen ankreuzen? Dann lohnt sich ein Neuaufbau bzw. eine Optimierung Ihres Kommsignals. Denn mit Ihrem jetzigen Kommsignal hat Ihr Hund bereits bestimmte Verknüpfungen gespeichert, vielleicht sogar negative Verknüpfungen. Beim Neuaufbau achten Sie darauf, dass Sie ein anderes Signal wählen als Sie das bisher verwendete.

### 3.1 Aufbau

Suchen Sie einen ablenkungsarmen Ort auf, zum Beispiel Ihr großes Wohnzimmer, Ihr langer Flur, Ihr Garten oder eine ähnliche Örtlichkeit, in der Ihr Hund wenig abgelenkt ist. Nehmen Sie den Klicker und beliebte Leckerchen oder Zerrspielzeug. Überlegen Sie sich vorher, was sie ab jetzt als Kommsignal verwenden möchten. Es soll ein Signal sein, was Sie im Alltag nicht verwenden. Somit scheidet „Komm" aus. Denn erfahrungsgemäß neigt man oft zu „komm mit", „komm mal her", „Komm, bleib!" und ähnlichen Variationen. Beliebte Kommsignale sind „Zu mir!", „Hier!" oder Ähnliches.

Animieren Sie Ihren Hund durch Gesten dazu, sich auf Sie zu zu bewegen. Das erreichen Sie durch aufmunterndes auf die Schenkel klopfen oder in die Hände klatschen, durch Hinhocken, Wegrennen oder durch Aufmerksamkeit heischende Geräusche (zum Beispiel Schnalzen). Ihre Körperhaltung sollte etwas vom Hund abgewandt sein. Eine frontale Körperhaltung oder gar sich nach vorne beugen und den Hund direkt anschauen bzw. anstarren, könnte Ihren Hund vom Kommen abhalten. Auf „hündisch" würden Sie mit einer frontalen Körperhaltung und starrendem Gesichtsausdruck „Bleib weg!" sagen. Besser versteht Sie Ihr Hund, wenn Sie sich selbst parallel zu den auffordernden Gesten ein paar Meter rückwärts bewegen.

Wenn Ihr Hund sich auf Sie zu bewegt, geben Sie Ihr Kommsignal. Kurz bevor er bei Ihnen angekommen ist, klicken Sie und geben ihm seine Bestärkung. Sobald Sie draußen üben, werfen Sie am besten das Leckerchen oder ein entsprechendes Wurfspielzeug in die Laufrichtung des Hundes. Durch die Belebung des Leckerchens oder Spielzeugs, wird der belohnende Effekt erhöht. Klicken Sie während Ihr Hund noch läuft, da das Laufen des Hundes verstärkt werden soll. Der Klick beendet die Übung, also klicken Sie erst, wenn Ihr Hund fast bei Ihnen ist. Unterstützen Sie ihn jedoch durch verbales Freuen. Sie können die Übung etwas variieren, indem Sie Ihren Hund entweder festhalten lassen oder in der Bleibposition warten lassen.

Wenn diese Übung gut klappt, also Ihr Hund schnell und zuverlässig angerannt kommt, dann probieren Sie, das Kommsignal in einem Moment zu geben, wo Ihr Hund nicht zu Ihnen schaut. Kommt er? Dann hat er Ihr Signal mit dem Verhalten Herankommen verknüpft. Nun können Sie etwas mehr Ablenkung in Ihr Training einbauen. Werfen Sie einen Blick auf die von Ihnen ausgefüllte Generalisierungsskala und wählen Sie den Ort bzw. die Situation, die für Ihren Hund weniger reizarm ist, als Ihr Haus, Garten oder wo Sie das Kommsignal aufgebaut haben. Erst wenn Ihr Hund zuverlässig an dem Ort/der Situation, der/die als erster Punkt auf Ihrer Generalisierungsskala notiert ist, herankommt, erhöhen Sie die Ablenkung.

Sollte Ihr Hund einmal nicht auf Ihr Signal reagieren, dann gewöhnen Sie sich an, nach dem ersten Ruf wegzugehen und sich zu verstecken (natürlich nur, wenn es die Situation erlaubt). Ihr Hund lernt recht schnell, dass das Weggehen eine Konsequenz auf seine Unachtsamkeit ist. Gewöhnen Sie sich an, Ihren Hund auch dann zu rufen, wenn er an der Leine ist, statt ihn ohne Signal weiterzuzerren. Reagiert er nicht, dann ziehen Sie ihn sanft etwas von der Ablenkung weg und rufen ihn noch einmal. Er sollte, ob an der Leine oder nicht, immer freiwillig mit Ihnen mitkommen. Am Beginn des Trainings dürfen Sie Ihren Hund immer nur dann rufen, wenn Sie sich sicher sind, dass er auch kommt. Je häufiger er Ihr Signal hört, nicht beachtet bzw. nicht kennt und keine Konsequenz erfolgt, desto mehr wird es für ihn zu einem Hintergrundrauschen, das einfach überhört wird.

Es können Situationen auftreten, in denen von Ihnen erwartet wird, Ihren Hund zu rufen. Sie selbst wissen jedoch, dass das in dem Moment noch zu schwierig für Ihren Hund ist. Benutzen Sie dann am besten irgendein anderes Wort zum Rufen. Ihre Mitmenschen werden meinen, dass Sie es wenigstens versucht haben. Zudem verderben Sie sich nicht Ihren sorgfältigen Aufbau und die Generalisierung des richtigen Kommsignals.

Kurzanleitung:

1. Beginnen Sie an einem ablenkungsarmen Ort
2. Machen Sie auffordernde Gesten
3. Geben Sie Ihr Kommsignal in dem Moment, in dem Ihr Hund auf sie zuläuft und motivieren Sie ihn per Stimme
4. Klicken Sie (und belohnen dann) während Ihr Hund noch läuft, aber erst kurz bevor er bei Ihnen ist
5. Rufen Sie ihn auch aus der Bleibposition oder wenn er festgehalten wurde
6. Steigern Sie nach und nach die Ablenkung
7. Wenn der Hund auf Signal nicht reagiert → weggehen und verstecken bzw. etwas von der Ablenkung entfernen

Neben der „normalen Generalisierung", also des Trainierens an den Orten bzw. in den Situationen auf Ihrer Generalisierungsskala, gibt es speziellere Übungen, um das Kommsignal noch intensiver zu trainieren. Die Beschreibung zur Durchführung der speziellen Generalisierungsübungen folgt im nächsten Abschnitt.

## 3.2  Generalisierung

Der Spaziergehalltag bietet sicherlich viele Gelegenheiten das Kommsignal zu generalisieren. Um den Vorgang der Generalisierung zu beschleunigen, lohnt es sich, künstliche Übungssituationen herzustellen. Das bedeutet, dass Sie selbst im richtigen Moment mit entsprechender Belohnung und ggf. der Schleppleine gut ausgerüstet sind. Eine kalkulierbare Ablenkung herrscht vor. Als kalkulierbare Ablenkung können Futter, Spielzeug, ein Wildgehege, der Streicheltierzoo, ein Hühnerauslauf, eine Örtlichkeit mit vielen Kaninchen und vieles anderes mehr dienen.

### *3.2.1  Ablenkung durch Futter oder Spielzeug*

Beginnen Sie mit der Ablenkung durch Futter. Übergeben Sie für Ihren Hund deutlich erkennbar einer Hilfsperson ein paar Leckerchen. Die Hilfsperson entfernt sich einige Meter, der unangeleinte oder mit der Schleppleine gesicherte Hund kann und wird ihr folgen. Die Hilfsperson soll den Hund nicht beachten, sondern einfach nur still stehen und die Leckerchen erhöht dicht am Körper halten. Rufen Sie Ihren Hund mit Ihrem Kommsignal. Achten Sie darauf, dass die Hilfsperson bei den ersten Versuchen weniger interessante Leckerchen bei sich trägt als Sie selbst. Wenn Ihr Hund sich erfolgreich hat abrufen lassen, dann belohnen Sie ihn dafür fürstlich. Wenn er trotz Ihres Kommsignals an der Hilfsperson „klebt", dann gehen Sie einfach weg und verstecken sich. Spätestens wenn Ihr Hund bemerkt, dass Sie nicht mehr da sind, wird er Sie suchen. Dauert es länger, dann kann sich die Hilfsperson demonstrativ vom Hund wegdrehen.

Ihr Hund wird schnell lernen, dass auf sein Nicht-Kommen die Konsequenz „Frauchen oder Herrchen ist weg" folgt. Wenn er sich aus einigen

Meter Entfernung von der Hilfsperson ohne zu zögern hat abrufen lassen, dann vergrößern Sie den Abstand zwischen sich und der Hilfsperson. Klappt auch das gut, können Sie dazu übergehen, der Hilfsperson bessere Leckerchen zu geben, als Sie haben.

Nutzen Sie immer wieder unterschiedlich beliebte Leckerchen, die Sie zur Bestärkung einsetzen. Die Hilfsperson kann den Hund vorher etwas auf das Leckerchen fixieren, indem sie es vor ihm herschwenkt oder damit wegrennt. Sie können das Leckerchen auch an ein Seil binden, das die Hilfsperson halten soll. Setzen Sie Ihren Hund im Sitz-Bleib ab, gehen am Leckerchen vorbei und rufen Ihren Hund. Falls er der Belohnung zu nahe kommt, kann die Hilfsperson das Leckerchen schnell zu sich ziehen und hochnehmen, so dass Ihr Hund es nicht bekommt. Sie haben es geschafft, wenn Ihr Hund z.B. an einem Stück Ochsenziemer kauen darf und Sie ihn davon abrufen können.

Diese Übung ist ebenso übertragbar auf Spielzeug, vorausgesetzt Ihr Hund mag sein Spielzeug sehr gerne. Auch im Bezug auf Spielzeug gibt es Unterschiede im Beliebtheitsgrad. Beachten Sie das bei der Verteilung des Spielzeuges zwischen Ihnen und der Hilfsperson, so dass die Hilfsperson anfangs weniger beliebtes Spielzeug bei sich trägt als Sie.

Eine Reizangel kann ebenfalls hilfreich beim Kommtraining sein. Eine Reizangel ist ein ca. zwei Meter langer Stock mit einem etwa drei Meter langen Bindfaden. An dem Faden wird das Objekt der Begierde befestigt, ein Spielzeug oder ein gefüllter Futterbeutel. Für Hunde, die weder Spielzeug noch Futter interessiert, kann auch ein Stück aus einem Rehfell genommen werden oder ein mit künstlichen Duftstoffen präparierter Critter (Fellspielzeug mit Ball und Quietsche). Auf die Bezugsquellen für den Critter, die Duftstoffe und echte Reh- bzw. Kaninchenfelle verweist der Anhang.

Geben Sie einer Hilfsperson die Reizangel. Lassen Sie den Hund das an der Reizangel befestigte Objekt verfolgen. Er soll auf keinen Fall daran kommen. Rufen Sie den Hund genauso wie bei der vorher beschriebenen Übung. Für ein erfolgreiches Abrufen bekommt er nach dem Klick das Objekt an der Reizangel.

## 3.2.2 Ablenkung durch Tiere im Gehege

Für diese Übungen benötigen Sie eine Schleppleine, falls es Zaunlücken oder andere unvorhergesehene Schwierigkeiten geben sollte. Gehen Sie mit Ihrem Hund vorerst an einer Zweimeterleine auf ein entsprechendes Gehege zu. Geben Sie Ihrem Hund ggf. einige Momente, um die Tiere im Gehege überhaupt zu bemerken. Manchmal bedarf es einiger Geräusche oder Bewegungen von den Tieren im Gehege, bevor der Hund etwas mitbekommt. Die Reaktion des Hundes auf die Tiere hat sich in der Praxis in zwei extremen Tendenzen gezeigt. Gerade bei Vorstehhunderassen ist in der Regel kaum Interesse an den Tieren zu erkennen. Nordische Rassen, zum Beispiel Huskys, zeigen in hohem Maße aufgeregtes Verhalten. Sie bellen und jaulen, springen ruckartig in die Leine oder gegen den Zaun und sind kaum oder überhaupt nicht ansprechbar.

Hat Ihr Hund eher wenig Interesse an den Gehegetieren, dann sind für Ihr Training lediglich die ersten Momente wichtig. Geben Sie genau in dem Moment Ihr Kommsignal, in dem Ihr Hund neugierig die Tiere beäugt bzw. sichtbar mit der Nase Witterung aufnimmt. Lässt Ihr Hund sich sofort abrufen, dann hat er einen Jackpot verdient. Beenden Sie das Gehegetraining, wenn Ihr Hund sich nicht mehr weiter ablenken lässt.

Reagiert Ihr Hund nicht auf Ihr erstes Kommsignal, warten Sie kurz ab und probieren es höchstens noch ein zweites Mal. Gehört Ihr Tier zu den am Gehege stark abgelenkten Hunden, dann variieren Sie Ihre Distanz zum Gehege. Wenn Ihr Hund die Tiere bemerkt hat und Anzeichen höchster Erregung aussendet, entfernen Sie sich einige Hundert Meter vom Gehege und nehmen Ihren Hund einfach mit. Bewegen Sie sich langsam wieder auf das Gehege zu und testen Sie, in welchem Abstand Ihr Hund noch auf Ihr Komm reagiert. Hier beginnen Sie Ihre Übungen. Trainieren Sie sich wenn nötig, Schritt für Schritt an das Gehege heran, indem Sie den Hund immer wieder abrufen und mit einem kurzen Sprint zum Abreagieren belohnen. Reagiert er gar nicht, warten Sie ab und versuchen es erneut, oder gehen wieder weiter weg. Machen Sie nach vier bis fünf Minuten eine längere Pause, in der Sie sich weit vom Gehege entfernen und den Hund zur Ruhe kommen lassen. Denken Sie daran, dass Sie hier mit konkurrierenden Bestärkungen arbeiten müssen. Sie können ihn nicht hetzen lassen, deshalb muss Ihre Bestärkung für das Befolgen des Komm wirklich sehr gut sein und sollte in jedem Fall Bewegung enthalten. Sprinten Sie mit Ihrem Hund, machen Sie ein wildes Zerrspiel oder lassen Sie ihn Futter suchen. Trainieren Sie pro Tag maximal zweimal vier bis fünf Minuten, um den Hund nicht zu überfordern und wieder zur Ruhe kommen zu lassen. Trainieren Sie so oft am Gehege, bis Sie Ihren Hund direkt vom Gehege abrufen können. Das kann durchaus längere Zeit dauern.

Es gibt verschiedene Erklärungen, warum manche Hunde auf die Tiere im Gehege nicht reagieren, obwohl sie sie in freier Wildbahn jagen würden. Das Desinteresse kann u.a. an der Lernerfahrung mit Zäunen liegen. Manche Hunde wissen, dass jegliche Kraftanstrengung ins Leere läuft, da sie die Zäune nicht überwinden können. Für diese Fälle gibt es Wildparks, die Sie mit angeleintem Hund besuchen dürfen. Hier können Sie ohne Zaun zwischen sich und z.B. den Rehen üben, wie es weiter oben beschrieben worden ist. Wenn Sie etwas ländlicher wohnen, haben Sie eventuell auch die Gelegenheit, in Nachbars Hühnerauslauf mit angeleintem Hund zu üben oder im Ziegenstall. Bei Übungen im Hühnerauslauf beachten Sie bitte, dass manche Hühner sich der Gefahr nicht bewusst sind, die von Ihrem Hund ausgeht. Nehmen Sie am besten eine Hilfsperson mit, die ggf. die Hühner in eine andere Richtung treibt. Falls Ihr Hund an einen Maulkorb gewöhnt ist, kann der Maulkorb die Hilfsperson überflüssig machen.

Ein weiterer Grund für das Desinteresse an Gehegetiere könnte sein, dass Ihr Hund in einen „Arbeitsmodus" umschaltet. Weil er die Trainingssituationen erkennt und dementsprechend gelassen reagiert. Auf einem normalen Spaziergang fiele er wahrscheinlich in alte Verhaltensweisen zurück und würde bei Ablenkung durch Wild auf Ihr Komm-Signal nicht unbedingt reagieren. Deshalb empfiehlt es sich, viele verschiedene Gehege zu besuchen und dort nur kurz zu üben, um jeden Anschein von gezieltem Training zu vermeiden. Trainieren Sie das Komm-Signal vor allem in für den Hund unerwarteten Situationen, wenn er beispielsweise gerade sein Leckerchen fressen will, das Bein heben will oder im Begriff ist, die Wohnung zu betreten.

Manche Hunde irritiert auch das Verhalten anderer Tiere im Gehege. Ein Reh in freier Wildbahn würde beispielsweise eher nicht dem Hund entgegen treten und von Frauchen oder Herrchen Futter erhoffen. Es würde mit hoher Wahrscheinlichkeit flüchten, was für fast alle Hunderassen den Auslösereiz des Hetzens darstellt. Höchstwahrscheinlich riechen Gehegetiere auch anders als frei lebende Tiere.

Vorausgesetzt Ihr Hund reagiert auf die Tiere hinter dem Zaun, bietet ein solches Gehege gute Möglichkeiten, gezielt das Abrufen zu trainieren. Sollte das Abrufen am Zaun klappen, heißt das freilich noch nicht, dass dies auch problemlos ohne Zaun geschieht. Wenn Ihr Hund sich ohne Schwierigkeiten von und evtl. in einem Gehege abrufen lässt, dann gehen Sie zur nächsten Übung.

### *3.2.3 Ablenkung durch wildlebende Tiere*

Bevor Sie mit dieser Übung beginnen, halten Sie Ausschau nach Orten, wo Sie Kaninchen oder Rehe antreffen. Kaninchen finden sich in der Regel in der Nähe von Friedhöfen, Golfplätzen, Parkanlagen, Kleingartenanlagen, im Morgengrauen oder zur Abenddämmerung auch auf den meisten Feldern und Äckern.

Gestalten Sie die Übung genauso wie am Gehege. Also beginnen Sie im großen Abstand und mit normaler Leinenlänge. Wenn der Hund einem Kaninchen hinterherläuft und sich an der normalen Leine gut abrufen lässt, wechseln Sie zur Schleppleine. Denken Sie daran die Schleppleine langsam abzuwickeln, damit Ihr Hund nicht mit voller Wucht in die Leine rennt. Sein sofortiges Reagieren auf das Kommsignal können Sie dadurch belohnen, dass Sie ihn an der Schleppleine noch ein Stück hinter dem Kaninchen her rennen lassen.

Ihre Reaktion auf das gezeigte Verhalten Ihres Hundes soll eindeutig sein. Wenn Ihr Hund sofort auf ihr Komm-Signal reagiert, gibt es eine entsprechend große Belohnung. Reagiert er nur zögernd, gibt es eine geringere Belohnung, vielleicht nur Futter. Wenn er gar nicht auf Ihr Kommsignal reagiert, dann bleiben Sie stehen und probieren es noch einmal. Beim nächsten mal wissen Sie, dass der Abstand zum üben noch zu gering war, so dass Ihr Hund zu keinem schnellen Erfolg kommen kann. Sie üben also erstmal im größeren Abstand zum Objekt der Begierde und verringern erst später wieder den Abstand.

## IV Kontrolle am Wild

Natürlich sind in freier Natur die Rahmenbedingungen nicht so homogen, wie im Wildgehege oder mit Hilfspersonen. Oft schießen die Tiere plötzlich unter einem Busch hervor und überrumpeln Sie völlig. Bereiten Sie sich deshalb gründlich darauf vor. Erwarten Sie hinter jedem Busch ein Kaninchen und spielen Sie die Szene immer wieder durch. Lassen Sie sich, wenn nötig, von einem Bekannten hinter dem Busch erschrecken. Sie werden wissen, wie schwer es ist, in einem Schreckmoment richtig zu reagieren. Wie oft haben Sie sich hinterher geärgert über Ihr Verhalten? Halten Sie die Schleppleine gut fest und geben Sie so schnell wie möglich das Komm-Signal. Gehen Sie dabei in die entgegengesetzte Richtung und halten Sie die Leine fest! Vergessen Sie nie die Superbelohnung, wenn Ihr Hund (vielleicht verblüfft oder reflexartig durch das gute Vortraining) tatsächlich Blickkontakt zu Ihnen aufnimmt.

Bis jetzt sind Sie immer ruhig und normalen Schrittes auf die Objekte der Begierde zu gegangen. Probieren Sie auch mal, mit Ihrem Hund schneller hin zu gehen oder sogar hin zu rennen. Rufen Sie Ihren Hund aus dem Rennen ab. Achten Sie darauf, selbst stehen zu bleiben, um das als deutliches Sichtzeichen für Ihren Hund zu nutzen. Wenn ihr Hund nicht reagiert, bewegen Sie sich noch etwas mit in seine Richtung, um den Moment etwas abzudämpfen, in dem der Hund das Ende der Schleppleine erreicht. Sie haben sicherlich selbst noch einige Ideen zur Abwandlung der Übung und somit zur Generalisierung des Kommsignals.

Vergessen Sie nicht, das Komm-Signal bei den Schleppleinentrainingsschritten 2 und 3 zu trainieren, wenn Sie soweit sind. Eventuell müssen Sie hier Ihre Anforderungen wieder etwas herunterschrauben, falls Ihr Hund weniger reagiert. Testen Sie dann, ob Ihr Hund auch zuverlässig zurückkommt, wenn das Ende der Schleppleine deutlich entfernt von Ihnen schleift, der Radius des Hundes also groß ist. Manche Hunde haben (durch falsche Verknüpfungen oder/und falsches Training) gelernt, dass sie mit Schleppleine konsequent am Jagen gehindert werden, aber ohne Schleppleine nach Lust und Laune Jagen können. In solchen Fällen können Sie Ihren Hund mit Schleppleine einige Male Spuren ausarbeiten lassen, so dass sich die Verknüpfung von Schleppleine und nicht Jagen lösen kann. Natürlich denken Sie auch hierbei daran, ein geeignetes Gebiet zu wählen, also ohne Straßen und ohne Möglichkeiten zum Verfangen mit der Leine.

Funktionieren die Übungen zur Generalisierung des Komm-Signals mit schleifender Schleppleine zuverlässig, dann machen Sie die Schleppleine ab und üben wie zuvor.

Wenn Sie den Eindruck haben, Ihr Hund reagiert auf Ihr Komm-Signal unter bestimmter Ablenkung unzuverlässig, dann legen Sie die Schleppleine sequentiell wieder an. Das bedeutet, dass Sie die Schleppleine nur in bestimmten Situationen anlegen oder in bestimmten Teilen des Spaziergehgebietes oder einfach zwischendurch ein paar Minuten.

## 4. Sitz/Platz in Entfernung

Alternativ oder ergänzend zum Komm-Signal fungiert das Sitz oder Platz in der Entfernung. Manchen Hunden fällt es leichter, sich beim Anblick von Wild ins Sitz oder Platz rufen zu lassen, statt den Blick vom Wild abwenden zu müssen. Dazu zählen vor allem die Hunde, die eher energiesparender leben bzw. etwas träger sind, wie zum Beispiel viele Herdenschutzhunde.

Bevor Sie mit dem Training von Sitz oder Platz in der Entfernung beginnen, sollte das Sitz oder Platz unter diverser Ablenkung neben Ihnen klappen. Das bedeutet, dass Ihr Hund sich schnell und gerne hinsetzt bzw. hinlegt. Hunde sind sehr gute Beobachter. Ihr Hund hat beim Erlernen von Sitz und Platz nicht nur Ihr Sicht- und Hörzeichen gelernt, sondern noch ganz viele andere visuelle Eindrücke, die Ihnen wahrscheinlich gar nicht bewusst sind. Dazu gehören das Vornüber beugen zum Hund, Ihre ganze Frontansicht und ähnliches. Denken Sie daran, dass Ihr Hund in weiterer Entfernung diese Signale nicht mehr wahrnimmt oder Sie sie vielleicht auch gar nicht mehr in dem Maße aussenden. Das ist ein Grund, warum Hunde nicht auf gelernte Signale reagieren, wenn sie weiter entfernt sind. Es ist deshalb wichtig, dass Sie erstens erkennen, auf welche Signale Ihr Hund genau achtet und dass Sie dann unnötige Signale ausschleichen. Dazu gibt es viele Möglichkeiten. Geben Sie Ihrem Hund das Signal wenn Sie selbst sitzen, liegen, mit dem Rücken zu ihm stehen, hüpfen, tanzen etc. Wenn Ihr Hund trotz Ihrer akrobatischen Einlagen richtig auf Ihr Signal reagiert, hat er wirklich nur das gewünschte Signal gelernt. Glückwunsch! Falls er jedoch nicht wie erwartet reagiert, fangen Sie an, diese unbewussten Signale auszuschleichen, indem Sie das Sitz oder Platzsignal unter Ablenkung neu aufbauen.

Beginnen Sie mit so großer Ablenkung, dass der Hund sich gerade noch setzt (oder legt) und belohnen Sie ihn dafür wie zu Beginn des normalen Sitz/Platztrainings. Steigern Sie die Ablenkung langsam in so kleinen Schritten, dass der Hund es gerade noch schafft. Üben Sie so lange, bis sich Ihr Hund auch setzt, wenn Sie während des Signalgebens in die Hände klatschen oder auf einem Bein hüpfen.

Ein anderer wichtiger Punkt ist, dass Ihr Hund sowohl auf Ihr Sichtzeichen als auch auf Ihr leise und freundlich ausgesprochenes Hörzeichen hin reagieren soll. Es macht immer Sinn, dass ein Hund auf eine leise und freundliche Stimmlage reagiert. In brenzligen Situationen haben Sie dann umso mehr Chancen, dass Ihr Hund sich von Ihrer lauten und tiefen Stimmlage beeindrucken lässt.

Wenn Sie die oben beschriebenen zusätzlichen visuellen Zeichen ausgeschlichen haben, dann können Sie zum Aufbau des Sitz oder Platz auf Entfernung übergehen. Wählen Sie einen ablenkungsarmen Ort. Lassen Sie Ihren angeleinten Hund von einer Hilfsperson festhalten oder binden Sie ihn an. Die Hilfsperson soll Ihren Hund lediglich festhalten, aber auf keinen Fall nachhelfen, falls Ihr Hund nicht sofort mitmacht. Entfernen Sie sich etwa zwei Meter kommentarlos von Ihrem Hund und geben Sie Ihr Hör- und Sichtzeichen für Sitz bzw. Platz. Sobald Ihr Hund sitzt bzw. liegt, klicken Sie und werfen ihm seine Belohnung so zu, dass er wieder aufstehen muss. Falls Ihr Hund sich schnell und sicher setzt/legt, können Sie den Abstand zu ihm vergrößern. Steigern Sie die Entfernung zwischen Ihnen und Ihrem Hund Schritt für Schritt immer dann, wenn die Übung in der vorherigen Entfernung gut funktioniert hat. Wechseln Sie die Orte für diese Übung und steigern Sie somit die Ablenkung.

Beherrscht Ihr Hund das Sitz oder Platz auf Entfernung mit Hilfsperson (oder Baum) gut, dann probieren Sie folgendes: Warten Sie einen Moment ab, wo Ihr Hund in ein paar Meter Entfernung vor Ihnen herläuft. Sagen Sie seinen Namen, das Hörzeichen und vergessen Sie das Sichtzeichen nicht. Reagiert Ihr Hund darauf und setzt bzw. legt sich hin, klicken und belohnen Sie ihn. Kommt Ihr Hund ein Stück auf Sie zu, versuchen Sie ihn durch ein „Ähäh!" und vorgestreckte Hände bzw. Ihrem Sichtzeichen für das Bleiben zu stoppen. Ihr Körper soll in diesem Fall frontal zum Hund zeigen und sich ggf. sogar auf ihn zu bewegen. Sobald er stoppt, wiederholen Sie Ihr Hör- und Sichtzeichen. Falls er es ausführt, klicken und belohnen Sie ihn. Falls er trotzdem zu Ihnen kommt, bekommt er keine Belohnung. Hat der erste Versuch nicht geklappt, lassen Sie beim zweiten Versuch den Namen des Hundes weg. Manche Hunde haben Ihren Namen schon stark mit dem Herkommen verknüpft. Wenn auch das nicht funktioniert, verringern Sie beim nächsten Versuch die Entfernung, bevor Sie Ihr Signal geben, und üben bei Bedarf noch einmal mit Hilfsperson oder Baum.

Kurzanleitung:

1. Visuelle Zeichen ausschleichen
2. Hund anbinden und in etwa zwei Meter Entfernung das Hör- und Sichtzeichen geben → Hund für Ausführung belohnen
3. Abstand zwischen Hund und sich selbst vergrößern
4. Hund auf dem Spaziergang in geringer Entfernung Hör- und Sichtzeichen geben
5. Abstand und Ablenkung steigern

Üben Sie wie immer in verschiedenen Abständen zwischen Ihrem Hund und Ihnen und bauen Sie die Ablenkung langsam auf. Halten Sie sich an Ihre ausgefüllte Generalisierungsskala. Frischen Sie diese Übung regelmäßig wieder auf, auch wenn Sie gerade kein Wild treffen. Lassen Sie ihn in den unmöglichsten Situationen absitzen, oder –liegen, wenn Sie beide rennen, wenn er jemanden begrüßen möchte, wenn er mit einem anderen Hund spielt, wenn er überhaupt nicht damit rechnet. Ziel ist es, eine reflexartige Reaktion auf Ihr Signal zu bekommen. Seine Hinterbeine sollten auf Ihr „Sitz!" ganz automatisch einknicken, ohne dass Ihr Hund noch überlegen muss, worum es Ihnen gerade geht. Nur dann haben Sie die Chance, dass er auch beim Anblick von Wild auf Ihr Signal reagiert, denn in den meisten Fällen ist das Gehirn in diesen Momenten sowieso abgeschaltet. Die bisherige Reaktion auf den Reiz Wild soll hier abgelöst werden durch das Hinsetzen oder Hinlegen.

*Billy, der Boxer, hatte das „Platz!" in allen möglichen Ablenkungen außerordentlich gut gelernt. Er klappte regelrecht zusammen, wenn er in vollem Lauf das Signal hörte. Als es dann soweit war und er aus Unachtsamkeit seiner Besitzerin doch hinter einem Reh herjagte, legte er sich ebenfalls nach dem Signal ins „Platz!". Eine Sekunde später drehte er sich um und schaute ziemlich belämmert zu seinem Frauchen zurück. Er sah aus, als könne er gar nicht glauben, was gerade mit ihm geschah. Frauchen vergaß natürlich nicht, ihrer übergroßen Freude Ausdruck zu verleihen.*

## 5. Das Vorstehen

Ein Hund, der (vor-)steht, kann kein anderes Tier gleichzeitig hetzen. Das ist ein simpler Grundsatz, den wir uns zu nutze machen.

Das Vorstehen stammt aus der Welt der jagdlich geführten Hunde. Es gibt extra dafür gezüchtete Jagdhundrassen – die Vorstehhunde. Sie haben zum Beispiel die Aufgabe, einen im hohen Gras befindlichen Fasan anzuzeigen. Das tun sie, indem sie ihren ganzen Körper auf den vermeintlichen Standort des Fasans ausrichten. Das bedeutet, darauf starren und ggf. eines der Vorderbeine anheben. Der Jäger weiß dadurch, wo sich der Fasan befindet, und kann sich zum Schießen bereithalten. In der Regel scheucht der Jäger das Wild selbst auf und die Vorstehhunde werden derweil ins Down gerufen. Der Ansatz zum Vorstehen ist genetisch verankert.

Es gibt verschiedenen Methoden, das Vorstehen aufzubauen. Einmal können Sie es genauso trainieren, wie das oben beschriebene Sitz oder Platz. Eine andere Möglichkeit beschreibt der folgende Abschnitt.

Das Vorstehen wurde bei bestimmten Jagdhundrassen durch Züchtung selektiert. Einige Hunde bieten es also schon von Welpenbeinen an, so dass es gefördert werden kann und sollte. Die genetischen Anteile bedeuten jedoch nicht, dass ein Vorstehhund nun automatisch bei Wild vorsteht, was Sie sicherlich schon bemerkt haben, wenn Sie einen solchen Hund besitzen. Es bedeutet jedoch, dass es leichter herauszukitzeln ist als eventuell ein Rückruf. Sie haben also möglicherweise bessere Chancen, Ihren Hund vorstehen zu lassen, als ihn zurückzurufen. Im Übrigen muss dies nicht nur für Vorstehhunde gelten, sondern kann jeden Hund betreffen, je nachdem, wie gut Sie das Training aufbauen. Lesen Sie trotzdem hier weiter, auch wenn Ihr Hund kein Vorstehhund ist. Auch andere Hunderassen und -mixe können lernen, beim Anblick oder bei der Witterung von Wild stehen zu bleiben oder zu zögern, bis ein Alternativverhalten verlangt wird.

Neben der Tatsache, dass ein (vor-)stehender Hund nicht hetzen kann, erweitert das (Vor-)Stehtraining die Ansprechbarkeit Ihres Hundes. Statt beim Anblick oder der Witterung von Wild blindlings loszurennen, bleibt Ihr Hund erst einmal stehen und beobachtet. Der Klicker ist für dieses Training unverzichtbar, da er auch dann noch zum Hundehirn durchdringt, wenn jede Stimme schon versagt. Typisch für spannungsgeladene Situationen ist, dass sich alle Sinne des Hundes nur auf das Wild, das Geräusch oder den Geruch der Begierde konzentrieren. Das führt dazu, dass Ihr Hund beim Anblick von Wild tatsächlich vorerst Ihre Stimme oder Ihre Gestik nicht wahrnehmen kann.

Neben dem Training mit gestellten Situationen sollten Sie ab jetzt Ihren Hund genau beobachten (falls Sie das nicht schon vorher getan haben). Klicken Sie ihn jedes Mal, wenn er ein Lebewesen oder einen Gegenstand von selbst still beobachtet, aber nicht hinläuft. Bieten Sie ihm nach dem Klick eine ganz besonders tolle Bestärkung, wie Superfutter, Suchspiele, Rennspiele o.a. an.

Vor allem wenn Ihr Hund schon auf geringe Auslöser, wie ein vom Baum fallendes Blatt oder andere leblose, aber sich bewegende Dinge reagiert, beginnen Sie das Training in ähnlichen Situationen. Lassen Sie eine Hilfsperson eine mit einem Ball gefüllte Socke an einem durchsichtigen Faden in einiger Entfernung bewegen. Sie kann auch Blätter aufwirbeln oder eine Aufziehmaus über den Weg flitzen lassen u.ä.. Gestalten Sie die Situation so, dass Sie den Moment mit einem Klick begleiten können, in dem Ihr Hund noch beobachtet, aber noch nicht hinterher rennt. Üben Sie folgendermaßen:

Wenn die Hilfsperson die gefüllte Socke zu Anfang langsam bewegt und Ihr Hund an der Leine ist, finden Sie heraus, wie Ihr Hund reagiert. Wenn er vor dem Hinlaufen einige Sekunden stehen bleibt, dann klicken Sie bei den nächsten Versuchen nach maximal ein bis zwei Sekunden und bieten ihm danach ein Rennspiel in die entgegengesetzte Richtung an. Nehmen Sie ihn, wenn nötig, an der Leine zuerst ein Stück mit. Dehnen Sie nun nach Gefühl die Zeit von der Sichtung des Objekts bis zum Klick sekundenweise aus. Es gibt leider keine pauschale Anleitung, wann Sie die Ablenkung steigern können, indem die Hilfsperson die Socke schneller zieht bzw. wann Sie zehn Sekunden bis zum Klick warten können. Sie müssen ein Gefühl dafür entwickeln, wie lange es Ihr Hund schafft, stehen zu bleiben, damit Sie kurz vorher klicken können. Erst wenn Ihr Hund bei der geringsten Ablenkung (langsames, gleichmäßiges Rutschen der Socke über den Boden) wenigstens zehn Sekunden stehen bleibt und sich nach dem Klick von Ihnen belohnen lässt, können Sie die Ablenkung steigern und die Socke schneller rutschen lassen.

Bleibt Ihr Hund überhaupt nicht stehen, sondern rennt sofort zum Objekt hin, dann halten Sie ihn mit der Leine möglichst früh auf. Warten Sie ab, bis er merkt, dass er keinen Erfolg hat, und klicken Sie die erste Sekunde, die er ruhig an der Leine steht. Auch hier dehnen Sie die Zeit, die er stehen muss, langsam aus. Achten Sie darauf die Verhaltenskette „in die Leine rennen, dann ruhig abwarten" zu vermeiden, indem Sie bei weiteren Versuchen schon klicken, bevor er losstürzt. Diese Methode mischt sich mit der hier später beschriebenen Methode des „Klick for Blick", kann aber ebenfalls für das Training des Vorstehens verwendet werden.

Kurzanleitung:

1.) Nehmen Sie Ihren Hund an die Leine. Eine Hilfsperson lässt eine gefüllte Socke langsam und in mindestens zehn Meter Abstand quer über den Boden rutschen
2.)a Wenn Ihr Hund mindestens eine Sekunde beobachtet hat, dann klicken Sie und nehmen ihn an der Leine mit zu einem Rennspiel in die entgegengesetzte Richtung
2.)b Rennt Ihr Hund in die (kurze!) Leine, halten Sie diese fest, bis er klickbares Verhalten zeigt.
3.) Steigern Sie erfolgreich die Dauer bis zum Klick bei gleicher Ablenkung bis auf zehn Sekunden
4.) Erhöhen Sie die Ablenkung durch Veränderung der Entfernung, Geschwindigkeit des Objektes bzw. Ändern der Umgebung, des Objektes
5.) Erhöhen Sie auch hier die Dauer bis zum Klick auf mindestens zehn Sekunden

Wenn es große Probleme bereitet, den Hund nach dem Klick mit sich zu nehmen, dann versuchen Sie es folgendermaßen: Treten Sie langsam an Ihren Hund heran und werfen Sie ihm ein Leckerchen oder Spielzeug vor die Pfoten, um es suchen zu lassen (der genaue Aufbau der Suchübung befindet sich im Kapitel V.1a). Langsame und ruhige Bewegungen sind wichtig, um Ihren Hund nicht zu animieren, loszustürmen. Es kann sein, dass Ihr Hund nach dem Klick keine Belohnung annimmt und stattdessen den Gegenstand nicht aus den Augen lässt. Das kann daran liegen, dass die Entfernung zwischen Ihrem Hund und dem bewegten Gegenstand zu klein war. Vergrößern Sie also den Abstand und probieren es noch einmal. Erfahrungsgemäß bedarf es einiger Wiederholungen bis Ihr Hund nach dem Klick eine Belohnung annimmt. Bleiben Sie dran. Sobald Ihr Hund die Belohnung annimmt, können Sie an der Dauer des Stehens arbeiten. Wenn Ihr Hund durch Stehen einen Geruch oder die Sicht des bewegten Objekts anzeigt, dann können Sie den Klick einen Moment hinauszögern. Wenn das gut klappt, klicken Sie zwei Momente später usw..

Sie können die beschriebene Übung genauso am Wildgehege oder an Hühnerausläufen trainieren. Wenn Ihr Hund in den gestellten Übungssituationen sich schnell bewegende Gegenstände durch ein Stehen bleiben kurz anzeigt, dann verlegen Sie das (Vor-) Stehtraining auf Ihren Spaziergang. Jedes Steh wird mit einen Klick und der folgenden Belohnung quittiert. Suchen Sie an der Schleppleine bewusst wildreiche Spaziergehgebiete auf, um das (Vor-)stehen zu trainieren.

## 6. Gegenkonditionierung

In der Verhaltenstherapie ist vor allem bei Angst- und Aggressionsproblemen die Methode der Gegenkonditionierung entwickelt worden. So kann man ein beim Hund auftretendes Gefühl der Angst beim Anblick eines Menschen durch ein neues Gefühl, nämlich das der Freude beim Anblick eines Menschen, zu ersetzen versuchen. Das geschieht, wenn man dem Hund während er den unangenehmen Reiz erblickt, einen neuen Reiz anbietet, der positiv belegt ist, wie beispielsweise Futter. Das Gefühl, dass dieser neue Reiz auslöst, wird durch ständiges Wiederholen mit der alten Angst auslösenden Situation verknüpft und überlagert das alte Angstgefühl. Dies kann man auch beim Antijagdtraining nutzen. Da es sich beim Jagen um eine auch gefühlsmäßig sehr intensive Reaktion handelt, kann die Gegenkonditionierung vor allem bei solchen Hunden gut wirken, die auf etwas besonders „wild" sind, wie beispielsweise Balljunkies. Statt als Reaktion auf ein flüchtendes Kaninchen hinterher zu rennen, bietet sich dem Hund ein besonders tolles Spiel beim Menschen.

Suchen Sie mit Ihrem an der Leine gesicherten Hund und seinem Lieblingsspielzeug eine Gegend mit Wildwechsel auf. In dem Moment, in dem der Hund das Wild als Objekt der Begierde erblickt, lenken Sie ihn sofort mit seinem Lieblingsspielzeug oder -futter ab und spielen mit ihm. Entfernen Sie sich dabei soweit, dass Ihr Hund das begehrte Objekt nicht mehr sehen kann. In diesem Moment endet auch das Spiel. Lässt er sich nicht von Ihnen ablenken, versuchen Sie diese Übung erneut in größerem Abstand zum Wild. Grundsätzlich gilt: Wenn das Objekt der Begierde zu sehen ist, wird gespielt. Sobald es nicht mehr zu sehen ist, endet das Spiel. Damit erleichtern Sie Ihrem Hund die Verknüpfung: Anblick des Objekts der Begierde bedeutet Spiel mit Frauchen oder Herrchen.

Wiederholen Sie diese Übung etliche Male an verschiedenen Orten. Wichtig bei einer Gegenkonditionierung ist, möglichst jede Gelegenheit zu nutzen, also mit dem neuen Reiz zu belegen. Auch wenn unvermittelt ein Reh Ihren Weg kreuzt, müssen Sie den neuen Reiz parat haben. Nur durch ständigen Erfolg besteht die Chance, dass der erste Reiz, der vom Anblick des Wildes ausgeht, von dem neuen Reiz überlagert wird, der den Hund vom Hetzen und Jagen abhalten soll. Nach einigen Wochen testen Sie, ob Ihr Hund die gewünschte Verknüpfung herstellt. Suchen Sie einen Ort mit dem Objekt der Begierde auf. Sobald Ihr Hund es erblickt, reagieren Sie nicht, sondern warten ab, ob er auf den neu konditionierten Reiz wartet, indem er sich suchend zu Ihnen umdreht. Wenn Ihr Hund keinen Kontakt zu Ihnen herstellt, dann üben Sie weiter wie beschrieben und machen denselben Test einige Wochen später.

Reagiert Ihr Hund wie erwünscht, ist die klassische Konditionierung abgeschlossen und Sie beginnen nun ein Verhalten herauszuformen. Bestärken Sie ab jetzt das Verhalten, was er nach Sichtung des Tieres anbietet, also Blickkontakt, Abwenden etc. mit dem, was Ihr Hund als Belohnung erwartet, statt das Spielzeug im Moment der Wildsichtung anzubieten. Sie haben den Reiz Hinterher rennen erfolgreich gegenkonditioniert! Wenn Ihr Hund nach Wochen regelmäßig beim Anblick des Objekts der Begierde Blickkontakt zu Ihnen sucht, dann können Sie etwas variabler mit Ihrer Reaktion umgehen. Streuen Sie auch mal „nur" Leckerchen, lassen Sie Ihren Hund suchen oder spielen Sie mit einem weniger hoch im Kurs stehenden Spielzeug. Denken Sie aber daran, immer wieder auch besonders tolle Bestärkungen einfließen zu lassen. Ihr Hund könnte sonst meinen, dass sich das Jagen vorher für ihn doch mehr gelohnt hat. Ob und wie Sie die Bestärkung variabel gestalten, müssen Sie wie immer selbst entscheiden und ausprobieren.

## 7. „Klick for Blick"

Es gibt eine Möglichkeit, die Gegenkonditionierung zu beschleunigen. Dafür sollte Ihr Hund jedoch schon ein richtiger Klickercrack sein und auf den Klick begeistert reagieren. Der Bei der Gegenkonditionierung besteht eine gewisse Gefahr darin, dass man Spielzeug und Futter entweder zu früh oder zu spät herausholt. Es ist also schwieriger, den neuen Reiz deutlich mit dem einzelnen alten Reiz (z.B. Kaninchen) zu verknüpfen. Nach etlichen anekdotischen Berichten und eigenen Erfahrungen ist es hier hilfreich, dasselbe mit dem Klicker durchzuführen. Dafür hat sich die Bezeichnung „Klick for Blick" etabliert. Statt also dem Hund das Spielzeug vor die Nase zu halten sobald er Wild sieht, klicken Sie und drehen dann spielend mit Ihrem Hund vom Wild ab. Als Erklärung für die guten Erfolge dieses Trainings gibt es mehrere Theorien. Am plausibelsten erscheint, dass es sich um eine präzise Art der Gegenkonditionierung handelt. Man klickt kein Verhalten, sondern man „schaltet" das positive Gefühl im Hund an. Weil er sich nach jedem Klick seine Belohnung holen durfte, verknüpft er diese positive Erfahrung mit dem Anblick des Wildes und will nun ebenfalls die Belohnung haben. Aus diesem Grund ist es wichtig, dass Ihr Hund dieses tolle Klickergefühl schon kennt. Falls Sie nicht genau wissen, ob das für Sie und Ihren Hund zutrifft, probieren Sie es einfach aus.

*„Es gibt zwei Möglichkeiten, wenn man auf Schwierigkeiten stößt: Man verändert die Schwierigkeit oder man verändert sich selbst."*

*Phyllis Bottome*

Jagende Hunde stöbern...

Hetzen und...

Apportieren. Gegen die Genetik kommt man nur schwer an.

Aber es ist möglich!

Oben:
Futtertube, Rehfell, Trockenfisch, Ball, Critter, Futterbeutel

Man braucht nur die richtige Motivation!

...und Sicherung. Schleppleinen gibt es in vielen Ausführungen zu kaufen oder zum selbst bauen.

Der Fuß auf der Leine schützt vor Brandblasen an den Händen, wenn man nicht aufgepasst hat.

Lässt man die Leine um den Ellbogen laufen, hat man mehr Kraft, den Hund zu halten.

Unten: Ruckdämpfer dienen ebenfalls der Sicherheit von Mensch und Hund.

Die Schleppleine dient zur Verhinderung der Selbstbelohnung.

Gina lernt, dass sie nur Erfolg hat, wenn sie mit Frauchen zusammenarbeitet.

Das Belohnen von Blicken zurück, führt zu einem Hund, der auf seine Besitzer achtet.

Annie (oben) und Trix (unten) haben gelernt, was sich lohnt.

Dackel Alf findet das Leckerchen zwar interessant...

...weiß aber, dass er erst zu Frauchen schauen muss, um es zu bekommen.

Versteckspiele sind nicht nur was für Kinder und machen allen Beteiligten Spaß.

Senta lernt, dass Luis verschwindet, wenn sie nicht aufpasst, wohin er geht.

Impulskontrolle bedeutet, sich beherrschen zu können, auch wenn die Aufregung noch so groß ist.

Frodo und Ricki warten ruhig am Boden bis das Spiel weitergeht.

Bleiben und Abwarten kann in vielen Situationen geübt werden.

Lernen, an offenen Türen zu warten, kann lebensrettend sein.

Ob der Superschlachtruf wirklich etwas Besonderes ankündigt, erkennt man daran, wie der Hund darauf reagiert.

Laikas Herrchen weiß, was ihr Herz höher schlagen lässt.

Ein Abbruchsignal kündigt an, dass das Hinterherrennen zum Misserfolg führt.

Laika und Zara haben das schon gelernt. Erst wenn das Signal kommt, dürfen die Hunde die "Beute" holen.

Mascha lernt, dass sie keine Chance hat, zum Erwünschten zu gelangen...

...wenn sie nicht zuvor auf Frauchens "Komm!" richtig reagiert.

Ans Bein klopfen, in die Hände klatschen, in die Hocke gehen oder weglaufen. All das animiert den Hund dazu, zu kommen.

Je stärker die Ablenkung, desto mehr muss sich das Kommen für den Hund lohnen.

Ob der Hund bei Wildsichtung leichter sitzt, liegt, vorsteht oder zurückkommt, muss man ausprobieren.

Das "Sitz!" ist gewöhnlich besser generalisiert, da es häufiger im Alltag gebraucht wird.

...im "Platz!" bleibt der Hund jedoch oft sicherer liegen.

Trainiert wird in kleinen Schritten. Zuerst wird die Dauer verlängert, dann erst die Entfernung vergrößert.

Das Vorstehen liegt vielen Jagdhunden im Blut.

Typisch ist die Gewichtsverlagerung nach vorn und die Ausrichtung des Körpers auf das Wild.

Futterbeutelspiele sind eine tolle alternative Beschäftigung. Die Nase im Beutel scheint oft schon eine Belohnung für sich zu sein.

Suchen kann man nicht nur am Boden. Gerade schwierige Stellen erfordern Intelligenz und das Zeigen eines Anzeigeverhaltens.

Das Klickertraining beansprucht den Hund geistig und ist somit eine tolle Möglichkeit, ihn zu beschäftigen.

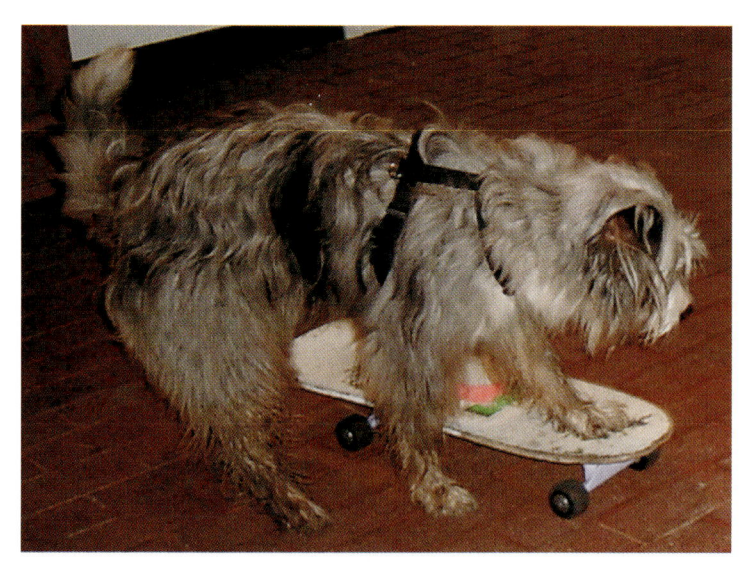

Ob Kriechen oder Skateboard fahren, der Hund lernt selbständig und somit sicherer und klarer, was Erfolg bringt.

In Mäuselöchern buddeln ist fast so gut, wie Kaninchen jagen.

Durch und mit dem Menschen ist es dementsprechend gut als Bestärker erwünschten Verhaltens einsetzbar.

Im Freilaufraum der Chinchillas darf Noah ruhig dabeiliegen und zusehen.

Die meisten Förster sind sehr freundlich und verständnisvoll, wenn man sich und seinen Hund vorstellt.

*„Für mich ist Erziehung nicht Vorbereitung auf das Leben, Erziehung ist das Leben selbst. Man bereitet nicht vor, man lebt gemeinsam."*

**Dr. Jan Uwe Rogge**

## V. Alternative Beschäftigungsmöglichkeiten

In der Verhaltenstherapie führt nicht nur die gute Umsetzung des Therapieplans zum Ziel, sondern es werden ganz allgemein die Lebensbedingungen des Hundes optimiert. Der beste Therapieplan wird keinen nennenswerten Erfolg einbringen, wenn gewisse Grundbedürfnisse des Hundes nicht gedeckt sind oder er übersättigt ist. Die alternativen Beschäftigungsmöglichkeiten sind genauso wichtig, wie das bereits beschriebene Training, denn ein geistig und körperlich ausgelasteter Hund kann leichter auf das Jagen verzichten und ist besser trainierbar.

*Fido, ein zweijähriger Kleiner Münsterländer, wurde von seiner Besitzerin abgegeben, weil sie den Hund nach dem Tod ihres Mannes körperlich nicht „bändigen" konnte. Zum Zeitpunkt der Abgabe hatte Fido mehrere Monate in einer kleinen Wohnung verbracht. Seine Geschäfte musste er größtenteils im kleinen Garten verrichten, den er nur an kurzer Leine betreten durfte. Die seltenen Spaziergänge endeten darin, dass Fido an der Leine randalierte und alles jagte, was sich schnell bewegt, Artgenossen, andere Haustiere, Autos und Menschen. Die Aufgabe war es, Fido soweit zu trainieren, dass er in einer Pflegestelle gegeben werden konnte. Er wurde in eine Pension mit großem Auslauf gebracht und genoss es sichtlich, zum ersten Mal seit langer Zeit, wieder rennen zu dürfen. Nach nur wenigen Tagen konnte er mit anderen Hunden im Auslauf spielen. Anfangs versuchte er noch an der Leine, andere Hunde anzugreifen und sich schnell bewegende Objekte zu jagen. Allein durch den gesteigerten Auslauf und die neuen Eindrücke, wurde dieser Hund immer umgänglicher. Nach genau zwei Wochen konnte Fido in eine Pflegestelle umziehen, nach einer weiteren Woche durfte er auf den Spaziergängen sogar frei laufen. Die Pflegestelle hat ihn behalten. Nachdem Fido einen geregelten Tages- und Beschäftigungsablauf hatte, konnten auch alle übrigen Probleme systematisch abgebaut und gemeistert werden.*

Da sowohl körperliche als auch geistige Anstrengung und Befriedigung zu den Grundbedürfnissen gehören, ist es wichtig, dass Sie mit den Forderungen an Ihren Hund auf einen ausgewogenen Ausgleich zwischen beiden Beschäftigungsarten achten. Es reicht nämlich nicht, den Hund stundenlang am Fahrrad zu führen, da er dann lediglich körperlich erschöpft ist, sein Intellekt aber weitgehend unausgelastet bliebe. Andererseits bringt es auch nicht genügend Nutzen, wenn Sie mit Ihrem Hund ununterbrochen nur Klickerübungen oder Nasenspiele veranstalten, ihn aber ansonsten zum Gassi gehen nur in den Garten lassen und seine körperliche Energie nicht weiter abschöpfen. Jedes Mensch-Hund-Team muss für sich eine ihm gemäße Balance zwischen geistiger und körperlicher Beschäftigung finden. Dafür brauchen die Stunden des Tages nicht akribisch eingeteilt zu werden, etwa in drei Stunden Auslauf, eine Stunde Animation und eine Stunde bewusstest Training. Auch gibt es Tage, an denen Sie weniger Zeit haben. Dann hat Ihr Hund einmal mehr Muße, an anderen Tagen dafür wieder mehr Action. Im Folgenden geben wir Ihnen einige Hinweise auf Beschäftigungsmöglichkeiten. Weitere Ideen und Anregungen finden Sie im Literaturverzeichnis.

## 1. Geistige Auslastung

Geistige Auslastung ist ein weit gefasster Begriff, der natürlich nicht völlig abgegrenzt gesehen werden kann. In die Kategorie passt im Prinzip alles, was Ihr Hund mit seiner Intelligenz erarbeiten muss. Das fängt an bei der Grundausbildung Ihres Hundes, also das Erlernen von Komm, Sitz, Platz, Bleib, Fuß und was Ihnen noch wichtig ist und geht weiter mit den Hundesportarten, wie zum Beispiel Agility, Obedience, Dogdancing und Co. Meist handelt es sich hierbei um eine Mischung aus geistiger und körperlicher Auslastung. Genauso zählen die Eindrücke, die auf Ihren Hund einwirken zur geistigen Auslastung. Damit ist nicht nur die Welpenzeit gemeint, in der die Welpen Ihre Welt erkunden, sondern auch kleine Abenteuerausflüge mit Ihrem erwachsenen Hund, beispielsweise der Besuch im Zoo, ein Ausflug in eine Ruine, Bergwanderungen und vieles mehr. All diese Dinge wirken sich nicht nur deshalb positiv aus, weil Ihr Hund ausgelastet ist, sondern weil Sie zugleich die Beziehung zu Ihrem Hund herstellen und ausbauen. Wenn Sie Ihrem Hund etwas beibringen, dann kommunizieren Sie mit ihm. Sie und er lernen, sich besser zu verstehen und immer besser einzuschätzen. Je mehr Sie Ihrem Hund beibringen, umso hochwertiger wird Ihr Verhältnis. Ihr Hund lernt mit jeder Übung erfolgreicher mit Ihnen zu kooperieren. Sie rücken in das Interesse seines Blickfeldes, welches anfangs vielleicht von Kaninchen, Vögeln und der Jagd ausgefüllt war.

## 1.1 Nasenarbeit

In einem Buch zum Thema Jagen liegt es nahe, über die Nasenarbeit zu sprechen. Die Nase bedeutet für den Hund viel mehr als für den Menschen. Hunde wurden u.a. zu Jagdhelfern, weil sie mittels ihrer Nase Wild ausfindig machen können, wo menschliche Augen versagen. Die meisten jagdlich interessierten Hunde nehmen Nasenspiele als alternative Beschäftigungsmöglichkeit sehr gerne an. Die verschiedenen Aufgaben in der Nasenarbeit können in drei gängige Kategorien unterteilt werden: Die Spurensuche, das Stöbern und die Geruchsunterscheidung. Bei der Spurensuche verfolgt der Hund eine Spur, die sowohl von Menschen oder von Tieren stammen, als auch künstlich gelegt sein kann (Pansengeruch und Co). Zum Stöbern gehört die Suche nach verlorenen Gegenständen, die Apportierarbeit der Retrieverrassen und anderes. Bei der Geruchsunterscheidung geht es darum, dass der Hund einen bestimmten Geruch anzeigt. Das schließt die Arbeit von Zollhunden, Allergiehunden, aber auch entsprechende Übungen aus dem Obediencesport mit ein. Da es zu diesen Themen bereits gute Literatur gibt, beschränkt sich das Buch hier auf die Leckerchen- und Spielzeugsuche und auf die Arbeit mit dem Futterbeutel.

### *1.1.1 Leckerchen- und Spielzeugsuche*

Die Suche nach Leckerchen bzw. Spielzeug ist für den Kontext des Trainings sehr interessant. Vorausgesetzt Ihr Hund findet Gefallen an den Suchspielen, dann haben Sie die Möglichkeit das Suchen auch als Belohnung einzusetzen.

So funktioniert es: Gehen Sie auf eine Wiese. Nehmen Sie ein Leckerchen oder Spielzeug in die Hand. Zeigen Sie es Ihrem Hund. Halten Sie Ihn fest, während Sie das Leckerchen oder Spielzeug etwa zwei Meter wegwerfen. Lassen Sie Ihren Hund mit dem auffordernden Wort „Such" los und zeigen Sie mit der Hand als Sichtzeichen deutlich in die entsprechende Richtung. Wenn Ihr Hund das Leckerchen oder Spielzeug hat, loben Sie ihn kurz und wiederholen diese Übung noch mindestens dreimal hintereinander. Lassen Sie nun Ihren Hund festhalten oder binden Sie ihn an einen Baum. Zeigen Sie ihm wieder das Leckerchen oder Spielzeug, legen es danach einige Meter entfernt ab und gehen Sie im kleinen Bogen zu Ihrem Hund zurück. Schicken Sie ihn mit „Such" los. Diese kleine Übung lässt sich beliebig vertiefen. Sie können z.B. das Leckerchen oder Spielzeug immer weiter weg auslegen, schwierigere Gebiete auswählen usw. Verstecken Sie es im hohen Gras, oder im tiefen Schnee, spießen Sie es auf einen Ast eines Baumes oder spicken Sie einen ausgehöhlten Baumstamm damit.

Zum einen können Sie diese Suchübung nutzen, um Ihren Hund zwischendurch zu beschäftigen. Denn Nasenarbeit ist geistig, aber auch körperlich anstrengend. Zum anderen können Sie Ihren Hund mit einer kleinen Suche belohnen. Gerade beim Kommsignal freuen sich lauffreudige Hunde, wenn sie das Leckerchen nicht aus der Hand erhalten, sondern wenn sie dem Leckerchen hinterher springen bzw. es suchen können. Ihr Hund kommt auf Signal zu Ihnen gerannt, Sie klicken, kurz bevor er da ist, werfen ein Leckerchen auf den Wegesrand und sagen „Such!".

Eine andere schöne Möglichkeit gibt es, um auch den freiwilligen Blickkontakt Ihres Hundes wieder zu verstärken. Ihr Hund schaut in nicht allzu großer Entfernung zu Ihnen zurück, Sie werfen in dem Moment gestenreich ein Leckerchen und sagen „Such!".

Das Signal „Such!" ist in der Regel recht schnell generalisiert. Ihr Hund lernt in diversen Ablenkungsgraden schnell, auf das „Such!" ein Leckerchen oder sein Spielzeug zu suchen. Probieren Sie es einmal aus, wenn Ihr Hund ein Kaninchen erblickt hat und intensiv hinstarrt. Es kann sein, dass Ihr Hund auf das „Such!" die Nase automatisch zum Boden senkt und sucht. Das „Such!" kann in Situationen funktionieren, in denen andere Ihrer Signale versagen. Genauso wie der Klick des Klickers ist dieses Signal ausschließlich mit etwas belegt, das dem Hund außerordentlich viel Freude bereitet.

## V Alternative Beschäftigungsmöglichkeiten

### *1.1.2 Futterbeutel*

Zur Arbeit mit dem Futterbeutel gehört nicht nur der Aspekt des Suchens, sondern auch der des Apportierens. Der Hund soll den mit Futter gefüllten Beutel suchen und zu Frauchen oder Herrchen bringen. Als Futterbeutel kann man Schlampermäppchen verwenden. Am besten eignen sich Schlampermäppchen aus Nylon mit Reiß- oder Klettverschluss. Etwas teurere Versionen sind die so genannten Preydummies. Der Futterbeutel wird anfangs mit besonders tollen Leckerchen gefüllt, zum Beispiel mit getrocknetem Fisch, getrocknetem Pansen, getrockneter Lunge, gekochten Innereien vom Huhn oder mit dem, was auch immer Ihr Hund gerne mag. Wenn Ihr Hund einmal Spaß an der Arbeit mit dem Futterbeutel gefunden hat, können Sie den Beutel auch mit minderwertigeren Leckerchen füllen.

Bei der Futterbeutelarbeit müssen Sie zwei Trainingsschritte üben: Das Suchen des Beutels und das Bringen des Beutels. Das Suchen des Beutels wird genauso aufgebaut wie die Suchübung nach Leckerchen oder Spielzeug. Füllen Sie den Beutel für Ihren Hund sichtbar. Lassen Sie ihn dran riechen. Öffnen Sie den Beutel noch einmal und lassen ihn einen Happen daraus fressen. Werfen Sie den Beutel weg. Wenn Ihr Hund hingerannt ist, gehen Sie flott und mit lobenden Worten zum Hund und öffnen ihm den Beutel. Lassen Sie ihn nach dem Öffnen des Beutels selbst daraus fressen. Das macht das Futterbeutelspiel noch interessanter. Sollte Ihr Hund jedoch zu der Sorte Hund gehören, die psychisch geknickt ist, wenn man ihm den Beutel mit dem Restfutter wieder wegnimmt, dann legen Sie ein paar Futterbröckchen auf den Beutel, während Sie ihn verstecken. Das Spiel muss dem Hund ungetrübte Freude bereiten. Wiederholen Sie diese Übung einige Male.

Gerade Jagdhundrassen neigen schnell dazu, den Beutel aufzunehmen. Sollte dies der Fall sein, dann rufen Sie Ihren Hund mit dem Komm-Signal und entfernen Sie sich etwas von ihm. Läuft er mit dem Beutel im Maul auf Sie zu, dann klicken Sie und öffnen ihm den Beutel als Belohnung. Manche Hunde bringen den Beutel auch erst einmal in Sicherheit bzw. probieren an Ort und Stelle ohne Frauchens oder Herrchens Hilfe an die Leckerchen zu gelangen. Falls Sie den Eindruck haben, dass der Beutel solchen Aktionen nicht standhält, dann sichern Sie

Ihren Hund durch eine Leine, durch die Sie ihn am Wegrennen hindern können. Üben Sie ggf. parallel zur Arbeit mit dem Futterbeutel das Hergeben von Sachen. Dazu bietet sich am besten das Tauschen an. Manche Hunde probieren nur kurz, selbst an das Futter zu gelangen und resignieren recht bald. Diese Hunde lernen sehr schnell, dass Sie nur durch Frauchens oder Herrchens Unterstützung an das Objekt der Begierde gelangen. Ein Grund mehr, schnell den Futterbeutel zu Frauchen oder Herrchen zu bringen!

Wenn Ihr Hund keinen Ansatz zeigt, den Futterbeutel ins Maul zu nehmen, dann üben Sie erst einmal nur das Auffinden des Beutels. Statt den Beutel zu werfen, können Sie auch schnell dazu übergehen, Ihren Hund abliegen zu lassen und den Beutel auszulegen. Wichtig ist, dass Ihr Hund in höchsten Tönen gelobt wird, sobald er den Beutel gefunden hat. Öffnen Sie ihm rasch den Beutel und lassen Sie ihn daraus fressen.

Das Apportieren können Sie über freies Formen mittels Klicker aufbauen. Üben Sie zu diesem Zweck mit dem leeren Beutel. Wenn Ihr Hund gelernt hat, den leeren Beutel zu Ihnen zu bringen und abzugeben, dann können Sie das Apportieren mit dem gefüllten Beutel üben. Führen Sie unbedingt ein Signal dafür ein. Wenn Ihr Hund das Apportieren des Beutels gut beherrscht, dann beginnen Sie, es mit dem Suchen zu verknüpfen. Ihr Hund hat bereits gelernt, den Beutel zu suchen. In dem Moment, wo er ihn findet, geben Sie Ihr Zeichen für das Apportieren. Wenn Ihr Hund den Beutel zu Ihnen gebracht hat, loben Sie ihn überschwänglich und öffnen ihm den Beutel. Sie können den Beutel noch etwas attraktiver machen, indem Sie selbst damit spielen. Zeigen Sie größtes Interesse für den Beutel, ziehen Sie ihn über den Boden vom Hund weg, machen Sie belebende Geräusche und schleudern Sie ihn zum Schluss ein kleines Stück weg. Manche Hunde animiert das, den Futterbeutel ins Maul zu nehmen.

Wenn Ihr Hund den Futterbeutel zuverlässig sucht und bringt, dann lassen Sie den Beutel auf Ihrem Spaziergang absichtlich fallen. Gehen Sie die ersten Male nur wenige Schritte weiter. Rufen Sie Ihren Hund, lassen ihn sitzen oder liegen und geben das Suchsignal. Dieser Schritt fällt manchem Hund schwer. Denn bis jetzt konnte er zuschauen, wenn der Beutel ausgelegt wurde. Das war für Ihren Hund ein kleines Ritual:

Er bleibt liegen, Sie verstecken den Beutel, er wird zur Suche geschickt. Manche Hunde verstehen nicht sofort, dass sie ohne dieses Ritual suchen sollen. Falls Ihr Hund Sie nur verwundert anschaut, dann gehen Sie mit ihm in die Richtung des ausliegenden Futterbeutels. Zur Not zeigen Sie ihm den Futterbeutel und lassen den zu sich bringen. Haben Sie etwas Geduld. Nach einigen Wiederholungen wird Ihr Hund verstanden haben, dass er auch ohne vorangehendes Ritual suchen soll.

Die Futterbeutelarbeit ist für Ihren Hund eine sinnvolle Beschäftigung. Sie fordert ihn geistig und körperlich, putscht ihn aber nicht so hoch, wie die Suche nach seinem Spielzeug. Natürlich kann der Futterbeutel auch als hoch im Kurs stehende Belohnung eingesetzt werden. Wie erwähnt, scheinen viele Hunde das Nase-Hineinstecken toll zu finden. Sie können also für besondere Leistungen nach dem Klick den Futterbeutel aus der Tasche ziehen und öffnen. Auch beim Superschlachtruf kann der Einsatz des Futterbeutels Sinn machen. Schauen Sie sich in der Welt der Nasenarbeit um. Es gibt kaum eine schönere alternative Beschäftigung für Ihren Hund.

## 1.2 Freies Formen

Zur geistigen Auslastung Ihres Hundes ist der Klicker und das damit verbundene freie Formen sehr zu empfehlen. Das Klickertraining macht Ihren Hund kreativ. Er lernt, Probleme zu lösen. Lassen Sie Ihren Hund zum Experten werden. Ein Experte zeichnet sich dadurch aus, dass er viele Lösungsvarianten kennt. Er wählt die passende Lösungsstrategie für eine entsprechende Situation aus. Das führt dazu, dass Ihr Hund mit jedem weiteren Erfolg immer souveräner und selbstsicherer auf neue Situationen reagieren wird. Ihr Hund wird weniger zu Frust neigen, denn er hat meistens noch eine Lösung B, C oder D parat. Beim Klickertraining wird der Hund für kleinste Schritte in die richtige Richtung belohnt, damit er diese wiederholt. Ähnlich wie beim Topfschlagen bringt man ihn so dazu, ein erwünschtes Verhalten Schritt für Schritt selbständig zu erlernen. Man kann so sehen, was der Hund gelernt hat, denn nur das zeigt er auch. Dies sind nur einige Vorteile des Klickertrainings. Weitere Hinweise und Erläuterungen zum freien Formen mit dem Klicker finden Sie in der Literaturliste im Anhang des Buches.

## 2. Körperliche Auslastung

Der Spaß am Jagen hat vor allem mit der Freude an der Bewegung zu tun. Gerade zu der Zeit, in der Sie mit Ihrem Hund intensiv an der Schleppleine üben, wird der Freilauf oder das Rennen allgemein auf Ihren Spaziergängen zu kurz kommen. Für ein paar Tage ist das in Ordnung, aber auf Dauer benötigt Ihr Hund die Gelegenheit, sich körperlich auszupowern. Ob Sie zu diesem Zweck auf eine eingezäunte Hundewiese fahren, um Ihren Hund spielen zu lassen, oder ob Sie selbst körperlich aktiv werden, hängt von Ihnen und Ihrem Hund ab. Wenn Ihr Hund eher ein Einzelgänger ist, dann tun Sie ihm mit einer Radtour, einem Jogginglauf oder einer Runde Schwimmen einen größeren Gefallen, als ihm ungewollt Hundekontakte zu verschaffen.

Stupides Ballwerfen gehört zu den weniger sinnvollen Möglichkeiten, dem Hund Bewegung zu verschaffen. Dabei ist nicht gemeint, das Spiel mit dem Ball zu Belohnungszwecken einzusetzen. Gemeint ist das pausenlose Ballwerfen ohne Kontrolle und Sinn. Interessanterweise wird genau dies bei jagdlichen Problemen häufig empfohlen, um das Hetz-Pack-, Tötungs- und Apportierbedürfnis zu befriedigen. Das Ballspiel soll also eine Jagd imitieren und dazu führen, dass der Hund seine Lust an der Jagd so stillt, um an anderer Stelle nicht mehr zu jagen. Wenn dies als einzige Maßnahme gegen das unerwünschte Jagen eingesetzt wird, haben Sie kaum Aussicht auf Erfolg. Der Hund hat zwar eine weitere Beschäftigung, wird aber nur deshalb kaum auf eine richtige Jagd zusätzlich verzichten.

Dazu kommt, dass die meisten Hunde beim Ballspielen stark „aufdrehen". Der Hund zeigt deutliche Anzeichen von Aufregung, wie zum Beispiel vermehrtes oder hysterisches Bellen, Hecheln, hektische Bewegungen, anhaltendes Fixieren des Balles usw. Sein Adrenalinpegel steigt an und benötigt längere Zeit, um wieder zum Normalwert zurückzukehren Ganz allgemein gesagt, wird Ihr Hund schneller auf jagdauslösende Reize reagieren als ohne ein vorangegangenes Ballspiel. Zum Thema Stress und seine Auswirkungen finden Sie im Literaturverzeichnis weiterführende Literatur.

Dasselbe gilt auch für den Hundesport. Es gibt Hundesportarten, zum Beispiel Agility und Flyball, die eine ähnlich aufputschende Wirkung haben können. Das hat damit zu tun, dass viel über Spielmotivation gearbeitet wird. Es gibt aber durchaus Möglichkeiten, Agility etwas ruhiger zu gestalten. Wenn Sie hauptsächlich über Futterbelohnung arbeiten, den Parcours insgesamt und die Geräte einzeln ruhig angehen, dann ist Agility eine wunderbare Sportart, die Ihren Hund nicht nur körperlich, sondern auch geistig fordert. Beim Agility wird viel mit Körpersprache gearbeitet. Das im Training Erlernte ist auch für den Alltag eine Bereicherung. Gute Agilitytrainer trainieren zuerst eine perfekte Signalausführung und danach die Schnelligkeit. Hier ist dann zwar Geschwindigkeit mit im Spiel, wird aber kontrolliert. Das ist der wichtige Unterschied zu einigen Trainingsplätzen, auf denen nur Schnelligkeit zählt.

Körperliche Auslastung soll am besten immer im Zusammenhang mit geistiger Anforderung gebracht werden. In der Regel ist beides auch kaum voneinander zu trennen. Lasten Sie Ihren Hund aus, indem Sie Radtouren durch unbekannte Gebiete machen, wandern Sie mit Ihrem Hund durch die Berge oder bieten Sie ihm auf Ihren Spaziergängen immer wieder neue Anregungen und Übungen. Bringen Sie ihm Dinge bei, die anderen Menschen vielleicht völlig sinnlos erscheinen. Hunde sind intelligentere Wesen, als manch einer glauben mag und sie gieren danach zu lernen.

## 3. Kontrolliert jagen lassen

Bisher hat dieses Buch Ihnen etliche Möglichkeiten dargelegt, Ihren Hund vom Jagen abzuhalten. Zum Ende hin lesen Sie nun die Empfehlung, Ihren Hund kontrolliert jagen zu lassen. Das muss ein Druckfehler sein! Nein, es ist weder ein Druckfehler noch ein Widerspruch. Gerade, wenn Ihr Hund einer Jagdhundrasse angehört, ist er für das Jagen gezüchtet worden. Sie können Ihrem Hund nicht genetisch verankerte Verhaltensweisen verbieten, ohne ihm eine Ersatzbefriedigung zu geben. Auch wenn Ihr Hund keiner Jagdhundrasse angehört, so hat auch er jagdliche Interessen. Diese können Sie in erwünschtere Bahnen lotsen bzw. ihm seine Interessen ermöglichen unter der Prämisse der Kontrolle (Abruf in fast allen Situationen). Vereinfacht dargestellt: Sie können Ihrem Hund entweder vermitteln „Kaninchen sind Tabu, aber Vögel und Mäuse darfst du" oder/und „Kaninchen sind ok, wenn Du Dich nach ein paar Metern abrufen lässt". Ihr Hund kann sich also nach Bedarf bei den „erlaubten" Jagdobjekten austoben und lässt sich von den „unerlaubten" Jagdobjekten abrufen. Je mehr erlaubte Jagdobjekte Ihr Hund hat, umso leichter gestaltet sich das Abrufen. Je weniger Aufhebens Sie um die Jagdobjekte machen, umso bedeutungsloser werden die Jagdobjekte für Ihren Hund. Zusammengefasst gesagt: Je mehr kontrollierte Jagdmöglichkeiten sich Ihrem Hund eröffnen, umso effektiver wird Ihr Training. Nebenbei ist das kontrollierte Jagen lassen die beste Bestärkung für Ihren Hund!

Dieses Buch will Ihnen hiermit auf gar keinen Fall einen Freibrief dafür erteilen, Ihren Hund Tiere fangen oder töten zu lassen. Wir bitten den Leser aus diesem Grund auch ausführlich das Dargelegte nicht zu missverstehen und lieber nachzufragen, bevor Unmut entsteht.

Kaninchen, Enten und Rehe haben dasselbe Recht zu leben wie Ihr Hund, auch wenn Sie nicht in unserer Familie aufwachsen. Wenn also vom kontrollierten Jagen lassen die Rede ist, dann ist damit gemeint, die Jagd so zu gestalten, dass für kein Tier ein Risiko besteht. Im Winter ist das Aufscheuchen lassen von Tieren absolut tabu, weil gerade dann jede Art von Energieaufwendung das jeweilige Tier zu Tode erschöpfen könnte. Mäuse „erbuddelt" man in Pansenlöchern und Rehe verfolgt man höchstens über ihre Spuren und an der Leine. Erkundigen Sie sich außerdem über die Schonzeiten und speziellen Gegebenheiten in Ihrem Waldgebiet. Soviel Respekt sollte jeder Mensch, ob mit oder ohne Hund haben, dass er zu diesen Zeiten den Wald meidet oder aber den Hund nur an der kurzen Leine auf dem Waldweg führt.

## 3.1 Nach Mäusen buddeln

Nach Mäusen zu buddeln, gehört zu den beliebtesten kontrollierten Jagden. Die drei größten Sorgen von Besitzern jagender Hunde treffen hier nicht zu:

- Kein Hund wird für das Buddeln abgeschossen.
- Der Hund bleibt an einem Punkt, statt möglicherweise durch die Überquerung einer Straße, Bahnschienen etc. sich oder andere in Gefahr zu bringen.
- Beim kontrollierten Buddeln wird keinem Tier geschadet

Suchen Sie eine Wiese, einen Wegrand, Brachland oder ähnliches, wo das Buddeln nicht stört, und nehmen Sie sich etwas Zeit. Wenn Ihr Hund von sich aus das Buddeln nicht so interessant findet, dann können Sie es fördern. Suchen Sie ein Mäuseloch. Lassen Sie Ihren Hund davor sitzen. Zeigen Sie ihm ein länglich geformtes Leckerchen. Stecken Sie es in das Mäuseloch, so dass es nicht in den Tiefen des Mäuselochs verschwinden kann, aber auch nicht herausragt. Geben Sie Ihrem Hund das Signal zum Leckerchen suchen. Feuern Sie ihn an, wenn er seine Pfoten einsetzt, um an das Leckerchen zu gelangen. Alternativ zum Buddeln in echten Mauselöchern, können Sie Ihren Hund auch nach einer Dose mit Leckerchen oder nach seinem Spielzeug buddeln lassen. Am besten eignet sich Sand als Untergrund – z.B. der Strand in Ihrer Nähe oder der (ehemalige) Sandkasten Ihrer Kinder. Aber natürlich funktioniert das auch im Heu- oder Strohhaufen. Bitte schütten Sie die Buddellöcher anschließend wieder zu, damit sich weder nachfolgende Spaziergänger noch Pferde und ihre Reiter verletzen.

## 3.2 Wildfährte an der Leine verfolgen

Wenn Ihr Hund ein begeisterter Wildfährtenleser ist, dann können Sie ihm diesen Spaß ruhig gönnen; allerdings mit einem Abstrich: er muss Sie mitnehmen. Das bedeutet, wenn Ihr Hund eine Wildfährte erschnüffelt, können Sie ihn angeleint dieser Fährte folgen lassen. Sie können Sie ihm das Suchen von Fährten sogar auf Signal beibringen. Je öfter und intensiver Sie mit Ihrem Hund so „jagen" gehen, desto besser wird er sich auch abrufen lassen, wenn er ohne Sie eine Spur aufgenommen hat. Vielleicht beginnt er sogar von allein, Sie zum gemeinsamen Jagen aufzufordern. Behalten Sie während des Folgens Ihr eigenes Tempo bei. Ihr Hund wird sich mit der Zeit daran gewöhnen, dass er die Fährte nur mit Ihnen und in Ihrem Tempo verfolgen kann. Zudem können Sie diese Form der Beschäftigung auch als Belohnung einsetzen. Ihr Hund hat ein Kaninchen gesehen, lässt sich abrufen bzw. bleibt stehen: Klick, und als Belohnung verfolgen Sie mit ihm angeleint die Spur. Der belohnende Effekt wird gesteigert, wenn Sie mit ihrem Hund ein Stück rennen und das Ganze in einem Zerr- oder Ballspiel gipfelt.

## 3.3 Coursing

Das Coursing stammt ursprünglich aus dem Windhundrennsport. Beim Coursing wird ein falscher Hase über zahlreiche Umlenkrollen an einem Seil vor dem Hund hergezogen. Dadurch schlägt der falsche Hase ähnlich einem echten Hasen Haken. Diese Veranstaltung gibt es nicht nur für Windhunde, sondern auch für andere Hunderassen (z.B. auf manchen Hundeplätzen für Terrier). Diese Hundesportart befriedigt das Laufen Ihres Hundes. Sie ist besonders für Sichtjäger geeignet und vor allem für Hunde, mit Erfahrungen im Hetzen.

Der Vorteil am Coursing ist, dass Ihr Hund legal Hetzen darf und der Hase kein lebendiger Hase ist. So eine Veranstaltung könnte ein wöchentliches oder monatliches Highlight für Ihren Hund darstellen. Erkundigen Sie sich auf den Hundeplätzen in Ihrer Nähe oder im Internet, ob und wann dieser Sport angeboten wird.

Wenn Ihr Hund noch keine Erfahrungen mit dem Hetzen von Tieren hatte, dann sehen Sie besser vom Coursing ab. Ihr Hund könnte sonst auf den Geschmack kommen. Allerdings können die meisten Hunde ganz genau unterscheiden, ob sie sich in dieser künstlich hergestellten Hatz befinden oder in einer echten Hatz in der freien Natur.

### 3.4 „Fernsehen" für jagdfreudige Hunde

Vorab: Sehen Sie diesen Absatz bitte nicht als Aufruf, einfach mal Ihren jagenden Hund und Ihre Kleintiere ungestört zusammen zu lassen. Manche jagende Hunde lieben es, Kleintieren bei ihrem Tun zuzuschauen. Man könnte meinen, dass das Aquarium oder der Kaninchenauslauf oder das Chinchillagehege dieselbe Wirkung haben wie der Fernseher auf die meisten Menschen. Kleintiere, die im Haus leben, haben sich in der Regel an den Anblick des Hundes gewöhnt. Insofern können Sie Ihren Hund bei Belieben stundenlang vor dem Käfig oder dem Terrarium hocken lassen. Sollte Ihr Hund dazu neigen, zum Beispiel an der Frontscheibe zu kratzen, dann können Sie diese mit doppeltem Klebeband bekleben. Die meisten Hunde empfinden die Erfahrung, an der Scheibe festzukleben, als unangenehm und lassen das Kratzen sein.

Gerade Vorstehhunde haben beim „Fernsehen" die Chance, stundenlang das zu tun, wofür sie ursprünglich gezüchtet wurden: Tiere anzeigen. Einen ausgeprägten Fall des „Fernsehens" zeigt das Beispiel des Englischen Setters Noah:

*Sein Frauchen hat Noah von Welpenbeinen an mit in das Zimmer genommen, in welchem ihre Chinchillas frei laufen dürfen. Noah war zuerst angeleint und wurde immer auf einem bestimmten Teppich, von dem aus er alles im Blick hat, festgehalten. Um die Chinchillas nicht zu erschrecken, bewegten sich alle in ihrer Gegenwart sehr langsam und behutsam. Das färbte offensichtlich auf Noah ab. Er gewöhnte sich sehr schnell daran, auf dem Teppich liegen zu bleiben und die Chinchillas zu beobachten. Wenn Frauchen das Wort „Chinchis" sagt, flitzt Noah in das entsprechende Zimmer und legt sich sofort auf seinen Teppich, dann wird die Käfigtür geöffnet, die Chinchillas haben Freilauf. Noah beobachtet sie nur mit den Augen, während Frauchen im selben Raum ein*

*Buch liest. Nach etwa 30 Minuten werden die Chinchillas gefüttert und „das Fernsehen" ist beendet.*

Wenn Sie gerade einen Welpen haben und Kleintiere in Ihrem Haushalt leben, dann können Sie Rituale ähnlich denen, die Noahs Beispiel gezeigt hat, aufbauen. Ist Ihr Hund bereits erwachsen und nicht an die im Haushalt lebenden Tiere gewöhnt, dann sollten Sie solche Versuche abbrechen, wenn Sie merken, dass Ihr Hund stark (z.B. durch Bellen und Hinziehen) reagiert. Ist Ihr Hund relativ entspannt beim Anblick der Kleintiere, dann können Sie unter entsprechenden Absicherungen auch probieren, ein „Fernseh-Ritual" in Ihren Alltag zu integrieren. Das Aneinander-gewöhnen von Kleintieren und Hunden wird ausführlicher im Kapitel „Prävention" besprochen.

Vergessen Sie nicht, dass ein Hund, der die Katze im Haus akzeptiert, draußen trotz alledem Katzen nachrennt!

## 4 Mit Förster und Jagdpächter in Kontakt treten

Es macht immer Sinn, den Förster und den Jagdpächter seiner meist genutzten Spaziergehgebiete kennen zu lernen. Beide Seiten haben ihre ganz eigenen Erfahrungen mit (jagdfreudigen) Hunden gemacht. Förster und Jagdpächter sind besorgt um das Wohl der ihnen anvertrauten Natur, Sie als Hundebesitzer sind auf das Wohl Ihres Hundes bedacht. Das kann durchaus zu Interessenkonflikten führen. Suchen Sie das Gespräch mit dem Förster und Jagdpächter und stellen Sie sich und Ihren Hund vor. Erwähnen Sie, dass Sie gerade intensiv daran arbeiten, Ihren Hund vom Jagen abzuhalten. Wenn Ihr Förster und Jagdpächter Sie persönlich kennt und weiß, dass Sie Ihren Hund nicht gedankenlos streunen lassen, dann kann er Ihren Hund einordnen. Es kann immer eine Situation kommen, in der Ihr Hund seiner Jagdlust nachgibt. Mehr als einmal ist beobachtet worden, dass Hundebesitzer samt Hund von einem Hasen überholt wurden. Davor ist niemand gewappnet. Es kann auch vorkommen, dass ausnahmsweise der Nachbar, die Schwiegermutter oder ein Freund und Bekannter mit Ihrem Hund spazieren geht. Auch Ihr gut trainierter Hund könnte darin die Chance erkennen, um auszureißen und allein auf die Jagd zu gehen. Vergessen Sie nicht, dass Hunde situations- und ortsbezogen lernen. Was für Sie und Ihren Hund gilt, muss noch lange nicht für jemand anderes und Ihren Hund gelten.

Es gibt Hunde, denen alle alternativen Beschäftigungsmöglichkeiten nicht reichen. In solchen Fällen könnten Sie darüber nachdenken, Ihren Hund jagdlich auszubilden. Die Jagd ist nicht unbedingt Aufgabe der Förster, die jedoch vom Land oft vorrangig den Auftrag bekommen. Um an einer Jagd teilzunehmen bzw. sie sogar selbst zu leiten, sind jedoch gewisse Voraussetzungen zu erfüllen. Für die Schweißarbeit, also das verfolgen einer Blutfährte, muss der Hundehalter einen Jagdschein erworben haben und eine Waffe besitzen, um das verletzte Tier tierschutzgerecht zu erlegen. Kenntnisse von Jagdrecht und Wildbiologie sind ebenfalls erforderlich. Um an Treibjagden teilzunehmen, ist im Mindesten das Ablegen der Jagdeignungsprüfung (JEP) für Hunde ohne Zuchtpapiere nötig. Weiterführende Zucht- und Gebrauchsprüfungen, wie die Verbandsjugendprüfung (VJP) für Hunde mit entsprechenden Papieren, die Herbstzuchtprüfung (HZP) und die Verbandsgebrauchsprüfung (VGP) weisen ebenfalls jagdliche Eignung nach.

Um die Arbeit mit dem Hund werden Sie so oder so nicht drumherum kommen. Denn gerade Hunde, die dicht am Wild arbeiten müssen bzw. dürfen, müssen letztendlich noch kontrollierbarer sein. Nur der Mensch darf das Wild erlegen und nicht der Hund, der jedoch sicher vorstehen, auffinden und apportieren können muss. Denken Sie daran, dass gerade dann der Hund wildsicher sein muss. Es ist ein Trugschluss zu denken, dass ihr Hund nicht mehr jagen geht, nur weil er es ab und an mit Ihrer Erlaubnis darf. Der Vorteil ist einzig, dass Sie sich intensiv mit dem Thema auseinander setzen und dem Hund die Art von Belohnung für erwünschtes Verhalten bieten können, die ihm vorschwebt in einem Gerüst von Regeln.

Sollten Sie vorhaben, Ihren Hund jagdlich ausbilden zu lassen, sehen Sie sich den Ausbilder genau an. Wer einen Jagdschein hat, muss noch lange keine Ahnung von Hundeausbildung haben, erst recht nicht von gewaltfreiem Training. Auch 20-jährige Erfahrung und mehr sind kein Garant für einen guten Hundeausbilder. Gerade in der Jagdhundausbildung wird vielerorts noch auf Tradition gepocht. Unter diesem Schutzmantel werden dort noch sehr brutale Methoden gebraucht, angefangen von Hieben mit der Peitsche bis hin zu angespitzten Stachelhalsbändern. Nicht selten folgen solche Tierquäler dem falschen Ziel, den Willen des Hundes zu brechen, um hundertprozentigen Gehorsam zu erlangen, obwohl das ohnehin nicht möglich ist. Aber auch hier gibt es mittlerweile etliche Ausnahmen, die ihre erfolgreichen Jagdhunde mit dem Klicker oder anderweitig gewaltlos ausgebildet haben.

Schalten Sie bitte niemals Ihren Verstand aus, nur weil Herr XY oder Frau YZ bekannt durch Funk und Fernsehen ist. Wenn Ihnen etwas unlogisch vorkommt, hinterfragen Sie es!

*„Tue nicht mehr von dem, was nicht funktioniert. Sondern tue dann etwas anderes."*

*„Es gibt Licht am Ende des Tunnels. Hoffen wir, dass das nicht der entgegenkommende Zug ist!"*

# VI Prävention

Kaum jemand wird dieses Buch kaufen, um Tipps für seinen Welpen zu finden. In der Regel befasst man sich mit einem Problem erst, wenn es vorhanden ist. Wenn Sie jedoch nach Ihrem jetzigen Hund (möge er noch lange leben!) wieder mit einem Hund zusammenleben wollen, gibt es sicher das eine oder andere, das Sie mit diesem anders beginnen würden. Wenn Sie bisher Jagdprobleme hatten, werden Sie beim nächsten Welpen sicherlich früher über dieses Thema nachdenken. Da man trotz gegenteiliger Rassebeschreibungen nie sicher sein kann, dass der Neufundländer nicht doch jagen geht, ist es immer besser vorzubeugen. Vorbeugen ist besser als Heilen. Das gilt natürlich auch für potentiell jagende Hunde. Wenn Sie sich einen Welpen anschaffen, sollten Sie sich also genau überlegen, wie Sie diesem Problem beim nächsten Mal begegnen werden.

## 1. Rasseauswahl

Die Prävention fängt schon mit der Auswahl der Rasse, bei Mischlingen der Rasseanteile, an. Allein durch die Rasseauswahl können Sie das Problem jedoch leider nicht aus der Welt schaffen. Es gibt auch jagende Labradore und nichtjagende Dackel.

Sie können jedoch eine gewisse Vorauswahl treffen, wenn Sie sich die Ahnen Ihres Welpen anschauen. Gehört Ihr Welpe zu einer Zucht auf Aussehen, oder entspringt er einer so genannten Arbeitslinie? Letzt genannte sind Tiere, die vorwiegend auf erwünschtes Verhalten selektiert wurden. Bei den Jagdhunden heißt das, dass Hunde für die Zucht eingesetzt wurden, die besonders ausdauernd, erfolgreich sind oder/und einen sehr guten olfaktorischen Sinn besitzen, also große Schnüffler sind. Je nach Hunderasse kann es auch bedeuten, dass besonders eigenständige oder nicht ablenkbare Hunde bevorzugt worden sind. All dies kann sich in Ihrem Welpen wieder finden und Ihnen Probleme bereiten, wenn Sie den Hund nicht in dieser Szene weiterführen möchten.

Schauen Sie sich die Züchter genau an. Ideal ist es, wenn Ihr Welpe seine ersten Lebenswochen mit vielen anderen Tieren verbringt. Darin besteht eine nicht zu unterschätzende Chance, dass Ihr Hund die Tiere nicht als Jagdbeute erlebt und sie deshalb auch später nicht jagen wird. Ein Haus mit Schafen, Hühnern, Kaninchen ist dafür bestens geeignet. Zu weiteren Kriterien, die einen guten Züchter ausmachen, schauen Sie bitte im Literaturverzeichnis nach.

## 2. Umgebung

Leben Sie in der Großstadt oder direkt neben dem Wald? Je höher das Risiko ist, Wildtieren zu begegnen, desto eher wird Ihr Hund diesem Spaß wohl auch frönen und desto mehr müssen Sie dagegen arbeiten. Letztendlich haben alle Hunde die genetische Veranlagung zu jagen. Durch Zucht und Selektion ist es bei einigen Linien vermindert und bei anderen auf bestimmte Bereiche spezialisiert worden. Aber je mehr Auslösereizen der Welpe ausgesetzt ist, durch vorbeilaufenden Rehen oder aufspringenden Hasen, desto eher wird er zum Jäger, egal, was die Rassebeschreibungen behaupten. Denken Sie auch daran, dass Wildtiere heutzutage immer enger an die Großstädte herankommen. Gerade in der kälteren Jahreszeit sieht man schon mal Füchse, vor allem auch Kaninchen auf Parkplätzen herumlaufen. Größere Parkanlagen in der Nähe sind für Wildtiere noch attraktiver.

## 3. Beschäftigung und Lernen

Welpen sind kleine Staubsauger. Alles, was sie an Wissen bekommen können, saugen sie ein und speichern es zur späteren Nutzung ab. Gerade im ersten Lebensjahr wird das Wesen des Hundes im Rahmen seiner genetischen Möglichkeiten geformt. Die Basis wird in den ersten Wochen beim Züchter gelegt, aber im ersten Jahr lernt der Hund vor allem seine gesamte Umwelt kennen und die Möglichkeiten, mit ihr zu agieren. Daher ist es wichtig, sich um einen Welpen aus einer sehr guten Zucht zu bemühen und Jagderfahrungen in den ersten zwei Jahren vorzubeugen. Gewöhnlich werden die Jagderfahrungen im zweiten Lebenshalbjahr gemacht, wenn der Besitzer schon meint, dass sein Hund gut gehorcht, der Hund aber gerade beginnt zu begreifen, dass da noch mehr ist, als Herrchen, Frauchen und Zuhause. Mit fünf bis sechs Monaten beginnen die Hunde sich für die weitere Umgebung zu interessieren und erkunden alles, was außerhalb des direkten Einflussbereiches liegt. Diese Phase nennt man auch Pubertät, da (bei dem einen früher, bei dem anderen später) nun die hormonelle Umstellung im Körper des Tieres beginnt und sich damit auch die Interessen verlagern. Wenn die Besitzer nicht flexibel genug darauf reagieren, schleichen sich gerade in dieser Phase sehr viele Probleme, wie eben auch das Jagen ein. Das passiert gewöhnlich ganz plötzlich, wenn ein Hase aus dem Dickicht auftaucht und der Hund instinktiv hinterher rennt. Da Jagen ein stark selbstbelohnendes Verhalten ist, kann ein Hetzerlebnis ausreichen, um im Hund ein suchtähnliches Gefühl zu erzeugen. Der Jäger ist „geboren".

Bieten Sie Ihrem Hund ausreichend Möglichkeiten, andere Dinge zu erlernen, und lassen Sie ihn lieber ein paar Wochen lang öfter an der Leine, wenn er in der Pubertät ist. Noch besser ist es, Sie lösen die Situation gezielt aus, um vorbereitet auf das erste Jagderlebnis reagieren zu können.

In vielen Fällen erlebt der Hund seine erste Jagd nicht allein, sondern lässt sich von Hunden „mitnehmen, die schon Jagderfahrung haben. Vermeiden Sie es, zusammen mit Hundebesitzern spazieren zu gehen, deren Hunde häufig erfolgreich jagen gehen. Wenn ein Hund losstürmt, werden die anderen mitlaufen und lernen so den Spaß an der Jagd kennen, selbst wenn sie von allein keine Jagdambitionen gezeigt haben.

## 4. Vorbeugendes Training

Im Rahmen seiner Sozialisierung sollte Ihr Welpe möglichst viel Kontakt zu späteren potentiellen Beutetieren haben. Das sind Hunde kleiner Rassen genauso wie Katzen, Meerschweinchen, Kaninchen, Hasen, Rehe und andere Tiere, die Hunde hetzen können. Ermöglichen Sie ihm im ersten Jahr möglichst regelmäßige Begegnungen mit diesen Tieren, solange der Welpe noch gar nicht daran denkt, dass man damit Fangespielen könnte. Am günstigsten wäre es, wenn schon neben dem Welpenlager beim Züchter ein offener Stall mit Tieren ist, so dass diese für den Welpen ganz selbstverständlich zu seiner Umwelt dazugehören. Da das aber in den wenigsten Fällen so ist, können Sie Tierparks, Wildgehege und die Kleintiere von Freunden besuchen, um ein Kennen lernen zu ermöglichen.

Das Kennen lernen und Gewöhnen sollte in möglichst ruhiger und stressfreier Stimmung für beide Tierarten stattfinden. Beide Tiere werden bei der ersten Begegnung festgehalten und ruhig gestreichelt und gefüttert. Strubbeln Sie die Tiere nicht durch, sondern streichen Sie langsam von vorn bis hinten und reden Sie mit dunkler, leiser Stimme mit Ihnen. Das wirkt beruhigend und kann die Situation günstig gestalten. Am besten wählt man für diese Treffen eine Zeit, in der der Welpe sowieso ruhig und entspannt ist. Je nachdem, wie aufgeregt Ihr junger Hund ist, darf er auch mal am Meerschweinchen schnuppern, oder beide Tiere werden nebeneinander auf dem Boden gefüttert. Nach und nach sollte das artfremde Tier in den Hintergrund treten, während Sie beginnen, sich mit Ihrem Hund anderweitig zu beschäftigen. Gestalten Sie die Treffen aktiv und nicht passiv durch bloßes Zusehen. Da ein Welpe gewöhnlich mit allem spielen will, ist die Gefahr zu groß, dass er hier erste Jagderfahrungen macht. Es geht vor allem um Kontakte *nebeneinander*, nicht *miteinander*, damit Missverständnissen auf beiden Seiten von vornherein vermieden werden. Ziel dieser Treffen sollte für den jungen Hund die Erkenntnis sein, dass es auch andere Tiere gibt, aber dass es viel lohnender ist, mit Herrchen oder Frauchen zu spielen. Ein Kaninchen kann dadurch zum Signal für Futter oder Spiel beim Besitzer werden.

Auch die Besuche im Tierpark, bei Rehen z.B. sollen an den Geruch und die schnellen Bewegungen dieser Tiere gewöhnen. Sinn der Besuche ist die Beschäftigung mit dem Besitzer im Zusammenhang mit dem Geruch und den schnellen Bewegungen dieser Tiere.

## 5. Keine Erfolge

Bei Hunden, die zu den Risikogruppen zählen, ist es empfehlenswert, sie in wildreichen Gegenden das erste Jahr nur an langer Leine zu führen, um Zufälle zu vermeiden. Die ersten Erfahrungen mit dem Jagen werden meist in der zweiten Hälfte des ersten Lebensjahres gemacht, aber natürlich gibt es keine feste Zeitangabe, und gegen Zufälle ist man nie gefeit. Eine Leine kann verhindern, dass der Hund diesen Sucht auslösenden Kick bekommt, wenn plötzlich ein Reh aus dem Gebüsch springt. Aber auch mit dem Hund an der Leine sollten Sie einen Plan haben, wie Sie im Ernstfall reagieren. Am günstigsten ist es, wenn Sie Ihren Welpen möglichst im gleichen Moment ansprechen und mit Futter oder Spielzeug weglocken können. Dann beschäftigen Sie sich solange intensiv mit ihm, bis er das Tier sichtbar vergessen hat. Dafür eignen sich Zerrspiele genauso wie Futtersuchspiele oder Über-den-Rückenkugel-Streicheleinheiten. Ist ihr Hund sehr aufgeregt, kann er durch Bewegungsspiele seine Erregung abbauen. Fand er das Ganze (noch) nicht so spannend, belassen Sie es bei ruhigen Suchspielen, um keine Verknüpfung von Wildtieren mit Erregung zu riskieren.

Da Hunde im ersten Lebensjahr alles ausprobieren, sollte man bestimmte Dinge bewusst versuchen zu vermeiden, indem man bspw. die Hausschuhe einfach wegräumt, statt sie als potentielles Spielzeug liegen zu lassen. Ist der Hund etwas älter, kommt er oft nicht mehr auf diese „dummen Welpenideen". Das gilt in gewissem Maße auch für das Jagen. Hat er das erste Jahr keinerlei Erfahrungen mit dem Hetzen gemacht, ist die Chance größer, dass er auch später kein Interesse mehr daran finden wird. Garantien gibt es dafür jedoch nicht.

Um nicht unvorbereitet in eine Jagdsituation zu kommen, kann man auch im Alter des Hundes von ca. sechs Monaten Situationen künstlich stellen. Lassen Sie eine Hilfsperson ein hoppelndes Objekt plötzlich quer über den Spaziergehweg ziehen und trainieren Sie das Abrufen mit Ihrem Junghund.

## 6. Strafe

Das Bestrafen von Jagdverhalten wurde hier schon diskutiert. Wie schon erläutert wurde, muss bei Anwendung von Strafe auf bestimmte Voraussetzungen geachtet werden (Kapitel I.2.b). In manchen Fällen sind diese Voraussetzungen tatsächlich gegeben. Bei einem Hund, der das allererste Mal den Ansatz zeigt, das Kaninchen zu verfolgen oder sich auf das Huhn zu stürzen, ist die Chance groß, durch eine drastische, möglichst anonyme Strafe einen zweiten Versuch lebenslang zu verhindern.

Beobachten Sie Ihren Hund deshalb besonders gut und seien Sie vorbereitet. Die Strafe muss in dem Moment erfolgen, in dem der Hund gerade auf das Meerschweinchen zuspringt oder dem gackernden Huhn hinterher flitzt. Nur dann kann er sie mit seinem Verhalten verknüpfen und daraus das Richtige lernen. Die Strafe sollte möglichst anonym geschehen. Am besten wäre natürlich, wenn das Kaninchen seine Schneidezähne kurz in die Hundenase versenkt, wenn es verfolgt wird. So wäre eine direkte Verknüpfung mit dem gejagten Tier möglich. Da das meist nicht der Fall ist (und Hunde gegen Katzenkrallen manchmal erstaunlich immun sind), sollten Sie etwas anderes vorbereiten, was der Hund möglichst nicht mit Ihnen verknüpfen kann. Es besteht sonst die Gefahr, dass er gelernt hat, Jagen lohnt sich nur, wenn SIE nicht dabei sind.

Eine Strafe muss beim ersten Mal angewendet werden, damit der Hund gar nicht erst zu unterscheiden beginnt, warum sein Verhalten bei dem einen Mal zum Erfolg geführt hat und beim nächsten Mal nicht. Und eine Strafe muss so stark sein, dass der Hund sein Verhalten sofort abbricht und für die Zukunft gelernt hat. Wie stark das genau ist, hängt wiederum vom Wesen Ihres Hundes ab und sollte diesem angepasst sein, um nicht zu riskieren, dass der Hund einen Schock oder ähnliches erleidet.

Bedenken Sie aber, dass solche Situationen oft sehr unvermutet und leider selten so passend auftreten, dass man alle beschriebenen Voraussetzungen erfüllen könnte. Damit steigt das Risiko der Nebenwirkungen. Zum Beispiel könnte der Hund sich merken, wann sich jagen lohnt und wann nicht. Oder er könnte Angst vor Ihnen bekommen. Außerdem ist es häufig so, dass selbst bei passenden Umständen der Hund das Nicht-

Jagen-Dürfen maximal auf diese Situation (bei Ihnen zu Hause, genau dieses Kaninchen, um diese Tageszeit) bezieht und an anderen Orten doch wieder andere Tiere verfolgt. Sicher kennen Sie auch Hunde, die mit Katzen friedlich zusammenleben, draußen aber fremde Katzen jagen. Verlassen Sie sich also keinesfalls auf diese sehr unsichere Möglichkeit der Jagdprävention, sondern sehen Sie diese als Einsatz im passenden Fall.

## 7. Umleiten

Wenn das Risiko sehr groß ist, dass die Jagdleidenschaft bei dem Hund durchbrechen wird, kann man schon im Welpenalter eine Ersatzhandlung antrainieren, die dem Jagen ähnlich ist. Dadurch besteht die Chance, dass der „Durst nach Jagd" etwas abgemildert bzw. umgelenkt wird auf ein Verhalten, dass sich gut in den Alltag integrieren lässt. Ein Beispiel ist das Ballspielen. Besitzer mit Hunden, die auf Bälle fixiert sind, haben mit dem Antijagdtraining oftmals bessere Karten, als solche, deren Hunde nicht so gern spielen. Das Hinterher rennen hinter einem Ball imitiert bis zu einem gewissen Maße die Jagd und baut dabei auch die Erregung ab. Die Gleichartigkeit der Bewegung löst ähnliche Reaktionen aus, wie ein wegrennendes Tier. Wichtig ist jedoch, dass diese Ballspiele klaren Regeln unterliegen und nicht außer Kontrolle geraten. Ein Hund, der jeden Tag fünfzig Mal den Ball geworfen bekommt und bellend und kreischend danach verlangt, ist so übererregt, dass er auch auf andere auslösende Reize, wie einem wegspringenden Reh oder ein kreischendes Kind reagieren könnte. Sie würden also das Gegenteil von dem erreichen, was sie zu vermeiden suchen. Kontrolliertes Ballspiel bedeutet beispielsweise, dass der Ball erst geholt werden darf, wenn er nicht mehr fliegt. Man sollte gleichzeitig trainieren, den Hund vom wegfliegenden Ball abzurufen. Welche Richtlinien für Sie und Ihren Hund gelten, ist egal, aber sie sollten eingehalten werden. Ballspielen darf nicht als alleinige Beschäftigung des Hundes dienen. Suchen Sie einen gesunden Mittelweg aus Training, Knuddeln, Bewegung und geistiger Auslastung.

Den Ball können Sie von Anfang an zu etwas Besonderem machen, indem Sie ihn nur in speziellen Situationen hervorholen. Beginnen Sie selbst mit dem Ball zu spielen, ohne Ihren Hund zu beachten. Wenn er neugierig schauen kommt, darf er mal daran schnuppern und auch mal kurz dem rollenden Ball hinterherlaufen. Dann wird er wieder weggelegt und zwar außer Hundereichweite. Je intensiver sie sich mit dem Ball beschäftigen, desto interessanter wird er für den Hund. Spielen Sie anfangs nur so kurz mit Hund und Ball, dass der Hund nicht selbst das Interesse verliert, sondern eher immer enttäuscht ist, wenn das Spiel zu Ende ist. Loben Sie ihn und animieren Sie ihn mit der Stimme. Bringen Sie Ihrem Hund das Apportieren bei, indem Sie ihn mit der Stimme oder dem Klicker dafür belohnen, wenn er mit dem Ball in der Schnauze auf dem Rückweg zu Ihnen ist. Eine genauere Anleitung zum Übungsaufbau finden Sie in den Literaturhinweisen im Anhang.

## 8. Rückruf und Grundgehorsam

Eine selbstverständliche Vorbeugungsmaßnahme gegen das Jagen (und auch viele andere Unarten) ist, dass der Hund sich aus möglichst vielen und schwierigen Situationen abrufen lässt und die Aufmerksamkeit immer wieder seinem Besitzer zuwendet. Wie diese Dinge trainiert werden, wurde schon beschrieben. Dazu gehört natürlich ein grundlegendes Vertrauensverhältnis zwischen Mensch und Tier, was die Basis einer guten Beziehung ausmacht. Eine freundschaftliche Beziehung erwächst aus dem gegenseitigen Verstehen und Akzeptieren des anderen. Leben Sie nicht nach den traditionellen Dominanzmodellen, in denen der Hund als Befehlsempfänger zu reagieren hat, sondern bauen Sie auf den neusten wissenschaftlichen Erkenntnissen und integrieren Sie Ihren Hund mittels positiver Bestärkung in Ihre Familie. Sehr gute Informationen finden Sie dazu in den Literaturhinweisen. Fangen Sie schon früh an, mit Ihrem Welpen zu arbeiten. Besuchen Sie Welpenspielgruppen, bringen Sie ihm positiv Dinge bei, die er im Alltag können muss und Dinge, die Ihnen beiden nur Spaß machen. Schon Welpen mit zehn Wochen können auf Signal die Hand berühren, um einen Baum herumlaufen und Blickkontakt anbieten.

*"Wenn man einen Hund so dressiert hat, dass er über einen See fliegen kann, dann gibt es garantiert Neider, die sagen, dass Tier sei wasserscheu!"*

**(Autor unbekannt)**

# VII Ausblick

Wie Sie gelesen haben, gibt es unzählige Möglichkeiten, an Ihrem Problem zu arbeiten. Leider kann Ihnen niemand garantieren, dass eine davon oder alle zusammen helfen werden. Ein erfolgreiches AJT bedarf über einen längeren Zeitraum der Konsequenz, der Geduld, des Engagement und des Durchhaltevermögens. Diese Zeit wird geprägt sein von einem Wechsel zwischen Hochs und Tiefs. Die Hochs werden immer länger andauern. Wenn Sie Erfolg mit Ihrem Antijagdtraining haben, werden viele Hundebesitzer Sie beneiden. Dann werden Sie feststellen, dass Sie nicht nur im häuslichen Rahmen einen Traumhund Ihr Eigen nennen können, sondern auch auf Ihren Spaziergängen durch Ihren angenehmen Begleiter auffallen werden. Die Mühe lohnt sich allemal!!! Selbst wenn Sie nicht alles Gewünschte erreichen konnten, werden Sie sich über manches gute Ergebnis freuen. Geben Sie nicht auf, lernen Sie von Ihrem Hund und lassen Sie sich nicht von Ihren Problemen klein kriegen. Es ist oftmals ein Trost zu wissen, dass es sehr viele Menschen mit demselben Problem gibt. Tauschen Sie sich aus! Unzählige Foren und Mailinglisten bieten halbanonymen Raum, sich auszuweinen, Gleichgesinnte zu treffen und weitere Möglichkeiten kennen zu lernen.

Bei einigen Hunden wird es zeitlebens nötig sein, ihn in bestimmten Gebieten an der Leine zu halten, um Risiken auszuschließen. Ein Haustier, ein Hund ist ein Wesen, das mit uns lebt, nicht in allem vorausschaubar. Auch wenn es vielleicht Hürden zu überwinden gilt, so wird dies doch aufgewogen von der eigenen Individualität des Tieres und der Liebe, die es uns entgegenbringt. Reduzieren Sie es also nicht auf seine Probleme, sondern LEBEN Sie mit ihm und genießen Sie Ihrer beider Leben!

In diesem Sinne wünschen wir Ihnen ein bereicherndes und erfolgreiches Training!

Pia Gröning und Ariane Ullrich

| Indirektes AJT | | | Direktes AJT | |
|---|---|---|---|---|
| **Orientierungsübungen** | **Impulskontrolle** | **Alternative Beschäftigung** | **Schleppleinentraining** | **Kontrolle am Wild** |
| Zum Verstärken der Wichtigkeit des Menschen | Zum Training der Erregungszügelung | Zur Auslastung des Hundes und dem Aufbau des gemeinsamen Arbeitens | Zur Sicherung und Erfolgsverhinderung | Zum Stoppen bzw. Abruf vom Wild |

Das indirekte AJT ist Voraussetzung dafür, die Übungen des direkten AJT überhaupt trainieren zu können. Denn erst wenn der Hund sich wirklich am Halter orientiert, haben Sie auch die Chance, dass er das Abrufen vom Wild lernen kann. Es verspricht also am ehesten Erfolg, wenn Sie mit den Übungen des indirekten AJT's beginnen und erst dann die Kontrolle am Wild trainieren.

# IX Trainingsplan

Es ist nicht möglich, einen Trainingsplan zu erarbeiten, der allen Lesern gerecht werden kann. Dafür sind die einzelnen Hund-Mensch-Teams zu verschieden. Hunde und Menschen lernen unterschiedlich schnell und haben mit verschiedenen Voraussetzungen zu kämpfen. Deshalb wird es hier nur einen allgemeinen Trainingsplan ohne Zeitangaben geben. Sie werden sehen, wie lange sie persönlich für die einzelnen Dinge brauchen. Allerdings sollte bei einer Übung nach wenigstens einer Woche kontinuierlichem Training eine Verbesserung zu erwarten sein. Ist das nicht der Fall, dann lassen Sie sich noch mal über die Schulter schauen, wo der Fehler liegen könnte.

Da es wichtig ist, zu sehen, ob und wie sich Erfolge einstellen, sollten Sie ein Übungstagebuch führen. Ein Beispiel dafür ist im Anhang eingefügt. Wenn Sie es schaffen, regelmäßig aufzuschreiben, was Sie wann erreicht haben, dann können Sie sich selbst durch Nachlesen des Erreichten motivieren, wenn Sie mal am Erfolg oder der Durchführbarkeit zweifeln. Genauso wie ein Fotoalbum, kann ein Trainingstagebuch auch nach Jahren zeigen, wie es vorher war und den Vergleich zum aktuellen Zustand herstellen.

**A** Der Trainingsplan geht davon aus, dass sie bei Null beginnen. Ab heute hat ihr Hund bei jedem Spaziergang die Schleppleine am Geschirr. Zu Anfang halten sie das Ende der Leine fest. Die weitere Vorgehensweise mit dieser Leine wie in Kapitel II beschrieben, ergibt sich aus dem Erfolg der weiteren Übungen.

*Pro Spaziergang üben sie nun wenigstens zehn Mal über den Spaziergang verteilt, die im Kapitel „Schleppleinentraining" beschriebenen Übungen.*

**B** Beginnen Sie mit dem Training der Orientierungsübungen, wie in Kapitel III, 1 beschrieben. Sie sollen dazu führen, dass der Hund verstärkt auf Sie achtet und Sie als Sozialpartner wahrnimmt. Die Orientierungsübungen werden Sie solange beibehalten, bis der Hund auf allen

Spaziergängen deutlich sichtbar auf Ihre Gegenwart achtet. Ab dann werden die Übungen nur noch bei Bedarf aufgefrischt.

*Pro Spaziergang werden nun fünf Mal über den Spaziergang verteilt, die Schleppleinenübungen trainiert und wenigstens fünf Orientierungsübungen durchgeführt.*

**C**     Sind die ersten Fortschritte bezüglich der Orientierung zu sehen, beginnen Sie mit ihrem Hund an der Impulskontrolle zu arbeiten. Das schnelle Abregen bzw. warten können sind Dinge, die ein ganzes Hundeleben lang praktiziert werden sollten. Anfangs ist absolute Konsequenz nötig, später können diese Regeln auch ab und zu gelockert werden. Üben Sie pro Tag auf jedem Spaziergang und in jeder zufällig auftretenden Situation die Impulskontrolle.

*Pro Spaziergang werden nun fünf Mal über den Spaziergang verteilt, die Schleppleinenübungen trainiert und wenigstens fünf Orientierungsübungen durchgeführt. Dazu kommen drei Übungen aus dem Bereich der Impulskontrolle.*

Wenn Sie mit dem Übungsaufbau der Impulskontrollübungen zu Recht kommen, bauen Sie das Signal „Komm!" neu auf, bis es unter geringerer Ablenkung sehr gut funktioniert.

*Pro Spaziergang üben Sie bei Bedarf die Schleppleinenübungen und führen wenigstens fünf Orientierungsübungen durch. Üben Sie die Impulskontrolle zuhause und in jeder Situation, die sich dafür anbietet. Trainieren Sie das „Komm!" in jeder möglichen und sicheren Situation.*

**D**     Fügen Sie nun den Superschlachtruf hinzu.

*Pro Spaziergang üben Sie bei Bedarf die Schleppleinenübungen und führen bei Bedarf Orientierungsübungen durch. Üben Sie die Impulskontrolle zuhause und in jeder Situation, die sich dafür anbietet. Trainieren Sie das „Komm!", wann immer möglich. Bauen Sie den Superschlachtruf wie beschrieben auf.*

**E**    Als nächstes geht es mit dem Training des Vorstehens, Sitz/Platz in Entfernung oder der Gegenkonditionierung weiter. Welche von diesen Übungen Sie trainieren, kommt auf Ihren Hund und Ihre eigenen Vorlieben an. Probieren Sie aus, womit Sie am ehesten Erfolg haben werden. Natürlich können Sie auch alles einmal ausprobieren.

*Pro Spaziergang führen Sie bei Bedarf Schleppleinenübungen und Orientierungsübungen durch. Üben Sie die Impulskontrolle in jeder Situation, die sich dafür anbietet. Trainieren Sie das „Komm!", wann immer möglich. Frischen Sie den Superschlachtruf unregelmäßig zwei bis dreimal pro Spaziergang auf. Beginnen Sie mit dem Aufbau des Vorstehens/Sitz, Platz in Entfernung bzw. der Gegenkonditionierung. Üben Sie wenigstens fünf bis zehn Minuten pro Spaziergang.*

Als letztes erfolgt das Abbruchsignal. Bauen Sie das wirklich erst auf, wenn andere Übungen schon gut klappen. Wie schon beschrieben, muss dem Abbruchsignal ein Signal folgen, dass dem Hund sagt, was er nun tun soll. Dafür müssen die anderen Dinge abrufbar sein. Wenn Sie meinen, dass es ausreicht, nur ein Abbruchsignal zu trainieren, dann werden Sie auf Dauer keine Fortschritte sehen.

*Pro Spaziergang führen Sie bei Bedarf Orientierungsübungen durch. Üben Sie die Impulskontrolle in jeder Situation, die sich dafür anbietet. Frischen Sie den Superschlachtruf unregelmäßig auf. Trainieren Sie das „Komm!", wann immer möglich. Frischen Sie Ihre Wildkontrollübungen pro Spaziergang bei steigender Ablenkung wenigstens vier- bis fünfmal auf. Beginnen Sie nun das Training des Abbruchssignals. Üben Sie pro Spaziergang wenigstens fünf Minuten daran.*

Neben bei zur Auflockerung auf jedem Spaziergang und Zuhause bieten Sie ihrem Hund alternative Beschäftigungsmöglichkeiten, die dem Hund zeigen, dass es dem Jagen gleichwertige Möglichkeiten gibt, Spaß zu haben.

.

IX Trainingsplan

Die folgenden Zeichnungen symbolisieren Ihre Erfolge. Solange der Hund hell gefärbt ist, gehört er zu den „Schleppleinenträgern". Jede Zunahme der dunkleren Fellfärbung weist auf Erfolg im erreichten Trainingsteil hin.

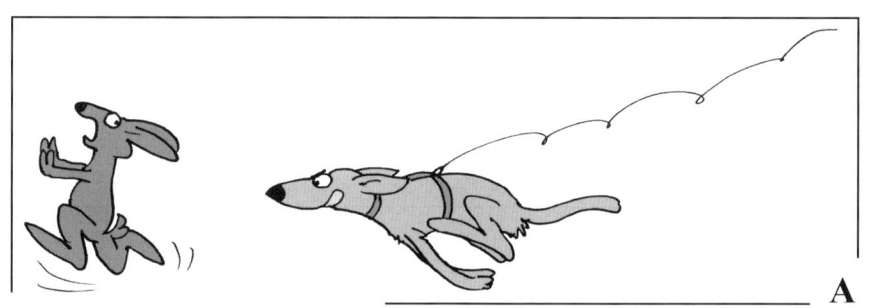

Schleppleinentraining — A

Orientierungstraining — B

Impulskontrolle/Kommtraining — C

IX Trainingsplan

Superschlachtruf — **D**

Kontrolle am Wild — **E**

Ohne Worte

166

X „Beipackzettel"

# Blickkontakttabelle

| Datum | Spaziergehgebiet | Gezählte Rück-Blicke |
|-------|------------------|----------------------|
|       |                  |                      |
|       |                  |                      |
|       |                  |                      |
|       |                  |                      |
|       |                  |                      |
|       |                  |                      |
|       |                  |                      |
|       |                  |                      |
|       |                  |                      |
|       |                  |                      |
|       |                  |                      |
|       |                  |                      |
|       |                  |                      |
|       |                  |                      |
|       |                  |                      |
|       |                  |                      |
|       |                  |                      |
|       |                  |                      |
|       |                  |                      |
|       |                  |                      |
|       |                  |                      |
|       |                  |                      |
|       |                  |                      |
|       |                  |                      |
|       |                  |                      |
|       |                  |                      |
|       |                  |                      |

# **Generalisierungsskala**

Bitte tragen Sie den Ort und die jeweilige Situation ein, in welchen Ihr Hund abgelenkt ist. Beginnen Sie bei dem Ort und der Situation mit der geringsten Ablenkung. Dann folgen der Ort und die Situation mit etwas mehr Ablenkung. Steigern Sie die Liste schrittweise bis zum Ort und der Situation der höchsten Ablenkung. (Z.B.: Wohnung ohne Besucher, Garten → keine Passanten, Asphaltparkplatz ohne Menschen und Hunde, Asphaltparkplatz mit Menschen, dann mit Hunden, dann mit Wild, Wiesen alleine, Wiesen mit Hase in 100 m Entfernung, …)

| Ort | Situation |
|---|---|
| | |
| | |
| | |
| | |
| | |
| | |
| | |
| | |
| | |
| | |
| | |
| | |
| | |
| | |
| | |
| | |
| | |
| | |
| | |
| | |
| | |
| | |
| | |

X „Beipackzettel"

## Die 12 beliebtesten Belohnungen meines Hundes

Notieren Sie bitte die 12 beliebtesten Belohnungen in der Reihenfolge des Beliebtheitsgrades. Beginnen Sie mit der tollsten Belohnung und enden Sie mit der langweiligsten Belohnung. Beachten Sie auch die Darreichungsform (werfen, rollen, aus Hand füttern usw.). Überlegen Sie aus Sicht des Hundes! (z.B.: Hetzen, Spur ausarbeiten, Bällchen, geworfenes Leckerchen, Mauselöcher, Hühnerherzen, Futterbeutel, …)

X „Beipackzettel"

## Trainingstagebuch/Übersicht

| Übung | Welches Signal? | Ziel erreicht? |
|---|---|---|
|  |  |  |
|  |  |  |
|  |  |  |
|  |  |  |
|  |  |  |
|  |  |  |
|  |  |  |
|  |  |  |
|  |  |  |
|  |  |  |
|  |  |  |
|  |  |  |
|  |  |  |
|  |  |  |

X „Beipackzettel"

# Einzelübung

| Name und Aussehen der Übung | | |
|---|---|---|
| | **Beschreibung** | **Geschafft?** |
| Zwischenziele | 1. | |
| | 2. | |
| | 3. | |
| | 4. | |
| | 5. | |
| | 6. | |
| | 7. | |
| | 8 | |
| | 9. | |
| Signal | | |
| An diesen Orten geübt | 1. | |
| | 2. | |
| | 3. | |
| | 4. | |
| | 5. | |
| | 6. | |
| | 7. | |

# XI Stichwortverzeichnis

| | Seite | | Seite |
|---|---|---|---|
| **A** | | Genetik | 3 |
| Abbruchsignal | 85 | Geruchsunterscheidung | 136 |
| Ablenkung | 19 | Gesten | 91 |
| Abregen | 74 | Grundbedürfnisse | 134 |
| Aktive Übungen | 40, 41 | **H** | |
| Appetenzverhalten | 2 | „Hey!" | 85 |
| Apportieren | 138 f. | **I** | |
| Auslastung | 135 ff. | Impulskontrolle | 73 |
| **B** | | **J** | |
| Balance | 135 | Jackpot | 49, 79 |
| Ballwerfen | 141 | Jagdpächter | 148 |
| Belohnung | 14 | Jagdsequenz | 2 |
| Beherrschung | 75 | **K** | |
| Beschäftigung, geistig | 135, 152 | Klicker | 16, 140 |
| Beschäftigung, körperl | 141 | Klick for Blick | 109 |
| Beschäftigungsarten | 135 | Kommsignal | 90 ff. |
| Beschäftigungsmangel | 8 | Konditionierung | 78, 107 |
| Beutegreifer | 4 | **L** | |
| Bewegung | 16 | Langsamer | 51 |
| Blickkontakt(training) | 58 | Lauftiere | 7 |
| Brückensignal | 16, 17 | Lernen | 11ff, 151 |
| Buddeln | 144 | **M** | |
| **C** | | Misserfolg | 12 |
| Coursing | 145 | **N** | |
| **D** | | Nasenarbeit | 136 |
| Domestikation | 4 | **O** | |
| **E** | | Orientierungsübungen | 58 |
| Entfernung | 100 | **P** | |
| Erfolg | 12 | Passive Übungen | 40, 41 |
| **F** | | Prävention | 151 |
| Fernsehen | 146 | **R** | |
| Förster | 148 | Radius | 36 |
| Food Tube | 81 | Rasseauswahl | 151 |
| **G** | | Raus da | 53 |
| Gegenkonditionierung | 107 | Richtungswechsel | 68 |
| Generalisierung | 19, 20 | Reizangel | 75 |

# XI Stichwortverzeichnis

| | Seite |
|---|---|
| Reizkette | 2 |
| Ressourcenkontrolle | 14 |
| Ruckdämpfer | 37 |
| Rück-Blicke | 60 |
| Rückruf | 158 |
| **S** | |
| Schleppleine | 36 |
| Selektion | 3 |
| Signaleinführung | 18 |
| Spurensuche | 136 |
| Stöbern | 135 |
| Strafe | 22ff, 156 |
| Straßenhunde | 9 |
| Stressabbau | 8 |
| Stromreizgeräte | 26 |
| Superschlachtruf | 78 |
| **T** | |
| Tabuzone | 54 |
| Tierschutzgesetz | 30 |
| Timing | 16 |
| **U** | |
| Umkehrsignal | 70 |
| Umleiten | 157 |
| **V** | |
| Verhaltensketten | 49, 83 |
| Verhaltenskreis | 3 |
| Verstärker, erwartet | 15 |
| Verstärker, konkurrierend | 15 |
| Verstärkung, variabel | 21 |
| Verstecken | 66 |
| Vorstehen | 103 |
| **W** | |
| Wegwechsel | 68 |
| Wolf | 1 |

| | Seite |
|---|---|
| **Z** | |
| Zeitrahmen | 62 |
| Zucht | 4 |

## XII   Bezugsquellen

| | |
|---|---|
| Anti-Ruck-Expander | www.alsa-hundewelt.de |
| Leine mit integriertem Ruckdämpfer | www.huskytec.de |
| Brustgeschirre | www.muggelburg.de<br>www.alles-fuer-dog-friends.de |
| Critter | www.muggelburg.de |
| Frische Tierfelle | www.jagdpassion.net |
| Künstliche Duftstoffe | www.romneys.de |
| Food-Tubes/Plastiktuben | www.globetrotter.de |
| Klicker, Leckerchenbeutel etc. | www.clicker.de |
| Halti, Leinen etc. | www.pfoetchenshop.de |

# XIII Literaturhinweise

**Coppinger, Ray + Lorna: Hunde**
Bernau, 2004
Animal Learn Verlag
ISBN: 3936188076

**Donaldson, Jean: Hunde sind anders**
Stuttgart, 2000
ISBN: 3440082229
Franckh-Kosmos Verlag

**Eaton, Barry: Dominanz - Tatsache oder fixe Idee?**
Bernau, 2004
ISBN: 3936188092
Animal Learn Verlag

**Hallgren, Anders: Rückenprobleme**
Bernau, 2004
ISBN: 393618805X
Animal Learn Verlag

**McConnell, Patricia: Das andere Ende der Leine**
Mürlenbach/Eifel, 2004
ISBN 393322893X
Kynos Verlag

**Pietralla, Martin: Clickertraining für Hunde**
Stuttgart, 2003
ISBN: 3440097447
Franckh-Kosmos Verlag

**Rugaas, Turid: Die Beschwichtigungssignale der Hunde**
Bernau, 2001
ISBN: 3936188017
Animal Learn Verlag

**Tellington-Jones, Linda: Tellington-Training für Hunde**
Stuttgart, 1999
ISBN: 3440077764
Franckh-Kosmos Verlag

**Theby, Viviane: Schnüffelstunde**
Mürlenbach/Eifel, 2003
ISBN: 3933228786
Kynos Verlag

**Theby, Viviane; Hares, Michaela: Wir schnüffeln weiter**
Mürlenbach/Eifel, 2004
ISBN: 3933228999
Kynos Verlag

**Theby, Viviane: Das Kosmos Welpenbuch**
Mürlenbach/Eifel, 2004
ISBN: 3440097250
Kynos Verlag

**Ullrich, Ariane: MenschHund! …warum ziehst du nur so an der Leine?!**
Zossen, 2004
ISBN: 3935977484
MenschHund! Verlag

# Weiterführende Informationen

- Theorie ist die eine Sache. Sehr häufig ist es aber hilfreich, wenn einem beim Training jemand über die Schulter sieht und ganz persönlich helfen kann. Aus diesem Grund bieten die Autorinnen deutschlandweit **Wochenendseminare** zum Thema Jagen an, sowie wöchentliche Gruppen im Rahmen Ihrer Hundeschulen
Informieren Sie sich über die Homepages der Autorinnen
Pia Gröning: **www.pfotenakademie.de**
Ariane Ullrich: **www.mensch-hund-lernen.de**

- Fragen, Anregungen und Kritik zum Buch werden gern beantwortet. Schreiben Sie an:

   Verlag MenschHund!
   Stichwort: Antijagdtraining
   Gartenstr. 8
   15806 Zossen
   e-mail: Antijagdtraining@mensch-hund-lernen.de

- Wie Sie vielleicht selbst schon erfahren mussten, ist es sehr schwer, eine Hundeschule zu finden, die Ihren Anforderungen und Bedürfnissen gerecht wird. Seit 1996 existiert der **Berufsverband der Hundeerzieher/innen und Verhaltensberater/innen e.V. (BHV)**, der sich unter anderem zum Ziel gesetzt hat, seine Mitglieder weiter zu bilden, um kontinuierlich einen Wissenstand zu gewährleisten, der der neuesten Forschung entspricht. Informationen zu Hundeschulen des BHV in Ihrer Nähe finden Sie im Internet unter
**www.hundeschule.de**

- Der **Allgemeine Deutsche Hundeclub** (ADHC e.V.) bietet eine Lobby für Hunde und deren Halter, egal ob und welcher Rasse oder welchem Verein der Hund angehört. Er ist Ansprechpartner bei Fragen und Problemen rund um die Hundehaltung. Informationen zum ADHC finden Sie ebenfalls im Internet auf der Seite:
**www.ADHC.de**

*"Das letzte Wort über die Wunder des Hundes ist noch nicht geschrieben!"*

*(Jack London)*